TUA FÉ TE SALVOU

Dados Internacionais de Catalogação na Publicação (CIP)
(Câmara Brasileira do Livro, SP, Brasil)

Balen, Cláudio van

Tua fé te salvou: pastoral de enfermos: espiritualidade/ Cláudio van Balen. – Petrópolis, RJ: Vozes, 1995.

ISBN 85-326-1476-0

1. Igreja – Trabalho com doentes 2. Oração I. Título.

95-1455 CDD-253.0240814

Índices para catálogo sistemático:

1. Pastoral dos enfermos: Cristianismo 253.0240814

Frei Cláudio Van Balen

TUA FÉ TE SALVOU

Pastoral de enfermos

VOZES

Petrópolis
1995

Rua Frei Luís, 100
25689-900 Petrópolis, RJ
Brasil

FICHA TÉCNICA DA VOZES

COORDENAÇÃO EDITORIAL:
Avelino Grassi

EDITOR:
Valdemar Hostin

COORDENAÇÃO INDUSTRIAL:
José Luiz Castro

EDITOR DE ARTE:
Omar Santos

EDITORAÇÃO:
Editoração e organização literária: Ângelo A. Zanatta
Revisão gráfica: Revitec S/C
Diagramação: Josiane Furiati
Supervisão gráfica: Valderes Rodrigues

ISBN 85.326.1476-0

Este livro foi composto e impresso pela Editora Vozes Ltda.
em julho de 1995.

DEDICATÓRIA

Ao lembrar-me de minha mãe, Mônica, em cadeira de roda e cega, mas sempre contagiada pela esperança e com alegria de viver, dedico estas páginas aos enfermos e idosos que dão testemunho da maior riqueza do mundo:

TUA FÉ TE SALVOU

Sumário

Apresentação

Querido amigo frei Cláudio,

Debrucei-me sobre as páginas de seu livro Tua Fé te Salvou. *Ficou-me a idéia de que sofrimento e dor, componentes da vida, assumidos, não ficam alheios à ação transformadora da graça.*

Melhor, tornam-se oportunidades de crescimento pessoal e familiar, vínculos de integração na comum-união. Ou seja, uma eventual ruptura inicial pode vir a ser passagem para uma plenitude maior.

Na luz da fé, tal experiência aprofunda o autoconhecimento e passa a ser vivenciada não só sob uma ótica mais objetiva, mas, sobretudo, conduz a uma maneira mais construtiva de lidar com a vida.

O caminho do carregar a cruz, do chorar com, do envelhecer, passa pela aprendizagem do saber viver e sofrer, onde definimos a nossa pertença a Deus em meio à convivência e no serviço fraterno.

Num contexto de fragilidade física e moral, desenvolve-se uma postura de recolhimento onde se escuta o Amigo maior dizer: "Se queres ser meu discípulo, toma tua cruz e segue-me".

Receio tal convite, mas D. Hélder me tranqüiliza com a observação de que "a cruz é sinal de adição", desde que seja encarada como "alavanca", em benefício da vida e da redenção.

Toca-me a lição do sofrimento em sua aceitação, desvinculada de todo conformismo com essa estranha vontade de um Deus masoquista. Aliás, Deus não vai agraciar alguns em detrimento de tantos outros.

Para poder amá-lo incondicionalmente, prefiro aceitá-lo como um Mistério de amor, presença amiga que em tudo está conosco, para o que der e vier, honrando seu nome carinhoso "Tô-Ke-tô".

Vida afora, vislumbro idosos e enfermos, cansados e desanimados, esvaziados da beleza e da força da juventude e da saúde, ignorando sua condição de "vasos trincados por fora, contendo tesouros".

Porém, o mistério da Salvação, em clima de Aliança, suscita em nós a certeza crescente de que, vazios, podemo-nos tornar receptáculos de maravilhosas graças, numa prestação de serviços.

É missão de todos nós transformar-nos em "pão que sacia a fome e redobra as energias, e em vinho que alivia a sede e alegra o coração", depois de triturado o trigo e esmagada a uva.

Através da leitura destas páginas confortantes, senti-me sobremaneira tocada por palavras como fragilidade, solidariedade, serenidade, transformação, entrega, louvor, desabafo, angústia, aflição...

Não raro, graças à fé, os frutos têm a ver com renovação, amorosidade, cura, autenticidade, alegria, coragem, gratuidade, visão ampliada, liberdade interior, solidariedade e vida renovada.

Reúno-as todas em imaginária partitura, supondo-as notas musicais a compor canções que embalem a cabeceira dos doentes, a caminhada dos idosos, a peregrinação dos acompanhantes.

Entrego-as ao Senhor que se fez compositor de tão bela melodia, destinada a todos que tiverem sensibilidade, e coragem, para entoá-la harmoniosamente entre solfejos de dores e risos.

Na gratidão,

Ieié

Belo Horizonte, 14/09/94.
Festa da Exaltação da Santa Cruz

O DOENTE A SERVIÇO DO REINO

Há deuses, e tantos, que fixam moradia nas alturas dos desejos humanos; e dos mais elevados píncaros de sua fictícia grandeza acenam aos homens com seu pseudopoder que não transforma nada.

São deuses idolátricos que seduzem tantos a fazer da piedade uma fuga do mundo, da oração um exercício de encantamento, e do serviço fraterno um apelo à onipotência que não promove participação.

São provocadores de uma religiosidade que envolve os homens no consumo agitado de múltiplas devoções, e os prende numa dependência que fabrica escravos do medo, com rígidos deveres e proibições.

São deuses que exigem religião-monopólio, sacerdote-poder, templo-ruptura, rito-alienação e adepto-sujeição. Colocam-se a serviço de sistemas e interesses suspeitos, menosprezando a vida.

Lembram os antigos deuses gregos e romanos que habitavam, altaneiros e indiferentes, as alturas de montanhas e a frieza de sistemas opressores, legitimando prepotência e desumana exploração.

Exigiam o tributo de seus vassalos, não só em exercicíos de piedade como também em contribuições financeiras; não só em temor servil com subjugação, mas também em resgate de culpas acumuladas.

Bem diferente é o Deus de Jesus de Nazaré. Desce das alturas celestes para fixar moradia nesta terra sofrida, onde tem seu culto predileto na vivênvia cotidiana e no serviço humilde aos irmãos.

Enviou a seus mensageiros o questionamento de algum anjo interpelador: "Homens da Galiléia, por que ficar olhando para o céu?" O amor cristão nos devolve ao mundo e nos compromete com os homens.

Ora, o que mais nos finca no chão deste mundo é nossa fragilidade humana, assumida com o tempero da solidariedade. O sofrimento esfacela de imediato o orgulho de quem julga bastar a si mesmo.

Ao carregarmos uma cruz fica mais difícil iludir-nos na pretensão de sermos alguém muito especial, como se não fizéssemos parte de uma humanidade a caminho, debatendo-se em mil e um problemas.

Doença, velhice, desilusão, hostilidade e opressão são como rachaduras no chão ressequido de um deserto, onde estimulam sementes ocultas a revelarem sua força criativa em vida que se renova.

Sim, potencialidades, limitações e desafios da vida e de cada pessoa são o verso da medalha de nosso destino que nos convoca para sermos filhos deste mundo e vivermos em generosa fraternidade.

A cruz, nossa e alheia, representa também essa estranha e maravilhosa graça que nos considera e trata como flores de Deus plantadas no jardim de um coração amigo, onde devemos florir. Só isto.

É a esta terra, úmida de tantos desejos frustrados, que pertencemos; é a este mundo dos homens, curvados sob tantos sofrimentos, que devemos prestar um serviço, fazendo a vida triunfar no amor.

Unidos a Cristo, irmão solidário dos pequenos e sofridos, não podemos nos permitir o luxo de evadir da realidade e fixar o olhar no céu, como se lá pudéssemos construir o Reino de liberdade e paz.

Deus não precisa de nosso poder, pois tem de sobra; ele mendiga nossa insignificância que lhe servirá de braço e perna, de cabeça e coração para visibilizar alguns sinais de seu Reino.

NINGUÉM SOBE AO CÉU SE NÃO DESCE ÀS REALIDADES DO MUNDO.

Noite iluminada

Ansioso vives teus desejos,
perdido em medos diluídos;
amorteces a busca de vida,
e multiplicas desencontros.

Banhada pela angústia,
tua alma digere aflição;
hostil ao preço a pagar,
ameaças só pode sentir.

Resistes à desejada cura,
foges de tão almejado bem;
vítima ainda te consideras,
sem ver a graça oferecida.

Inseguro estás, sem ânimo:
ignoras o sabor das coisas;
vives noites sem promessa,
coveiro de tua liberdade.

Debruçado sobre precipícios,
deixas tragar-te pelo abismo;
prisioneiro a se torturar,
rejeitas a fraterna afeição.

Num deserto de alienações,
encontras feras indomáveis:
na melancolia e competição
resistentes desequilíbrios.

Distanciado de ti, nervoso,
não achas graça em ninguém;
assim teu caminhar se perde
nas sinuosidades da estrada.

Desenraizado do mundo real,
sentes o amargor do existir;
pois do amor te escondes,
e triste te fazes hostil.

Entre a fascinação do nada
e a vertigem da perfeição,
és ameaçado de aniquilação
na essência do próprio eu.

Eis a tua amarga herança:
crucial desamparo ontem,
hoje, essa temida solidão;
e cada dia nova angústia.

Mesmo assim a esperança,
dádiva tão maltratada,
ainda convida a abrir-te
aos níveis do espírito.

Generosa oferta, e estranha:
transcender essa realidade,
fazendo galgar-te os degraus
à restauradora integração.

Nessas entranhas de dor,
a fé suscita obscura luz:
direciona os teus passos
e afasta da noite a escuridão.

Por novo impulso alado
podes cair em terra firme
e, de pobre herói trágico,
renascer cavaleiro da fé.

Se antes te arrastavas,
agora em leve vôo tomas rumo.
Num movimento de entrega,
vences distâncias do vazio.

Uma formosa chama de amor
a incendiar tua alma inteira;
regenerando sua beleza jovem,
resgatando-a para vida plena.

Eis que deixas atrair-te
por desejos purificados;
em ânsias de amor prossegues
acolhendo essa paz-oferta.

Mais importante do que fazes,
as dádivas que vens recebendo.
O Espírito vai levar-te seguro
ao encontro, por ressurreição!

Ajuda aos enfermos

Todo gesto de servir é também uma arte, na medida que há de ser respeitoso e ter em vista o crescimento do outro. Isto vale de modo peculiar do serviço junto aos enfermos, inválidos e idosos.

Antes de tudo, temos de estar familiarizados com a fragilidade alheia, o que pressupõe boa identificação com a realidade da nossa própria experiência, onde somos confrontados com tantos limites.

Esse tipo de ajuda há de contribuir para a cura, o crescimento na fé, um modo leve e construtivo de lidar com a cruz e a morte, tanto por parte do paciente como de seus familiares.

De grande valia é nossa espiritualidade ou vivência da fé que, em primeiro lugar, não é um conjunto de convicções teóricas ou um sistema de verdades relativas a realidades transcendentais.

Antes de tudo, trata-se de uma das funções humanas básicas, como o ver, o ouvir, o digerir, o amar. E, na qualidade de função, a fé pode estar perturbada e merecer cuidado, terapia, cura.

Surge a pergunta: O que vem a ser essa fé? O que realiza? O que faz o doente quando crê? E o que faz quem assiste um doente na sua enfermidade, buscando fortalecimento na fé?

Na fé, trata-se em primeiro lugar de uma relação de pertença, onde algo mais e alguém maior me envolvem e carregam fazendo-se ainda garantia do valor de meus dias, do sentido de meu sofrer.

Desta experiência emana paz com fortaleza capaz de devolver ao enfermo a coragem de ser, a confiança de estar a serviço de um Projeto divino, e a vontade de reintegrar-se na convivência.

O doente é mais que simples vítima de um intruso, um perdedor de relações, uma pessoa vencida por desafios. Em vez de entregar-se, ele ainda pode oferecer algo aos outros, assumindo seu destino.

Há casos em que o doente se fecha na perda de relações, onde o des-amor gera sentimento de culpa, freqüentemente silenciado, reprimido. Isso dificulta uma reação em vista de novas relações.

Daí é só um passo para instrumentalizar a doença como cristalização simbólica que explica perda, tristeza e isolamento. Resolve-se explorar a doença como justificativa da própria reação negativa.

Armados de boa vivência espiritual, posicionando-nos de modo autêntico perante o mundo, somos capazes de avivar e orientar a vontade de viver, fazendo o doente lidar bem com suas potencialidades.

O objetivo da ajuda fraterna é mobilizar a real capacidade do enfermo, sua abertura frente a Deus, seu esforço de reconquistar a saúde, sua postura de assumir a própria fragilidade e transformá-la.

Nosso testemunho será estímulo para ele expor-se à ação da graça de Deus, mostrar vontade de aprender desta experiência e, numa situação irreversível, encarar sereno o gesto de entrega.

O trabalho pastoral visa a renovação do doente graças a uma relação que desperte e alimente sua energia oculta, lhe avive a esperança e o faça lidar positivamente com a própria fragilidade.

Mais familiarizado com sua verdade e sacramentalmente confirmado, sentirá mobilizada a força da vida, os sentimentos de novo harmonizados, a receptividade acrescida e a paz reconquistada.

"O QUE FIZERDES A UM DESSES PEQUENINOS, A MIM O FAREIS".

O que sabe quem nunca sofreu? Não é a dor espelho transparente que reflete o que se esconde no mais íntimo do coração humano? Mostra-me como sofres e te direi quem és, com ou sem dignidade.

Sim, na dor assumida com ou sem bravura a pessoa revela os valores que cultiva, a esperança a que se prende, o mistério que decifra, a missão que aceita cumprir e o sentido que dá à sua vida.

A dor que não dinamiza o processo de sua própria eliminação ou transformação criará escravos do subjetivismo covarde que impossibilita a solidariedade, multiplicando cegos, surdos e mudos.

A fé vincula a dor a algo mais: vocação de fazer parte, convite para abrir-se, graça de tornar-se receptivo, tarefa de solidarizar-se e ensaio do que se poderá vir a ser.

Como no "Homem das Dores" irrompeu o Deus glorificado, o sentido da dor passou a consistir na transformadora superação de si mesma, sendo instrumentalizada a favor da vida e da solidariedade.

Garantimos esta função da dor quando a assumimos dizendo sim à vida. Então, a abrimos em promessa ao futuro, e a transformamos em esperança, não deixando que destrua em nós a coragem de ser.

No testemunho de Jesus de Nazaré, a dor se fez grito de esperança. Entenda quem puder! E você pode reagir de modo construtivo, desde que deixe a graça trabalhar no íntimo de seu coração.

O modo mais sublime de lidar com a dor é o esforço de superá-la, na vontade de viver, na garra de lutar, na solidariedade do conviver, revelando assim o que há de indestrutível na alma humana.

A DOR: INIMIGA, TAMBÉM COMPANHEIRA
E SEMPRE MESTRA EFICAZ.

A DOR ASSUMIDA

A dor é o grito da vida, o eco da existência. O todo existencial é algo profundamente contraditório: viver é fragilidade, relacionar é limitação, crescer é vulnerabilidade. Não somente isso!

Quando usamos Deus para explicar ou justificar a dor, facilmente o transformamos num algoz, num espírito torturador que se vinga e friamente se impõe ao homem para dobrá-lo.

Daí, é só um passo para nos conformarmos, na amargura da passividade, reprimindo a dor e deixando-nos dominar por ela, permitindo que, também por nós, produza mais vítimas e estrague a vida.

A dor, encarada como fatalidade, não é assumida e tampouco pode ser transformada, redimida; deixa de ser colocada a serviço da pessoa, da vida, da libertação, da boa convivência, do crescimento.

A passiva sujeição à dor suscita fuga no medo, gera apatia que embota a sensibilidade, traz perda de profundidade nas relações, fecha portas e caminhos, estagna a aprendizagem e mata o amor.

O caminho do Getsêmani até o Gólgota é despedida da esperança narcisística. Ali, a dor sofrida, assumida e expressa é vencida e transformada. Desta forma possibilita e anuncia a ressurreição.

Eis a única maneira para Deus justificar-se: morrer solidário numa cruz! Na extrema fragilidade da dor, revela-se o poder de seu amor que se transforma na gratuidade do serviço fraterno.

A dor, integrada na solidariedade do amor, sempre encontra o caminho para ser suavizada ou até vencida, e nunca deixará de fortalecer as pessoas e aprofundar sua convivência.

SERENIDADE

Senhor Deus, venho pedir-vos o dom da serenidade. Não quero viver qual estátua, impassível, inatingível pelos impactos da vida; nem quero ser indiferente, alheio ao rir e chorar dos homens. Mas também não quero ser suscetível demais aos altos e baixos da sorte e da desgraça, nem apropriar-me das emoções alheias como se fossem minhas.

Venho pedir-vos serenidade. Desejo um coração vibrante que saiba viver com leveza e com medida a alegria e a dor, a prosperidade e a adversidade.

Sereno, hei de amar o bem sem escandalizar-me com o mal; sereno, conquistarei o equilíbrio sem condenar a imaturidade; sereno, hei de aproximar-me da verdade sem querer ser imune a dúvidas e erros.

Sereno, reconhecerei que o firmamento acolhe o sol sem recusar as nuvens; que o dia dá lugar à luz sem afastar a escuridão; e que a vida humana é tecida por momentos de alegria e dor, de realizações e desencantos, de risos e lágrimas, de compensações e desafios.

Sereno, agradecerei pelo que me satisfaz as aspirações sem recusar o que ameaça meus desejos ou desfaz meus sonhos. Sereno não multiplicarei as exigências nem alimentarei grandes expectativas a respeito dos outros e da vida, mas para todos serei um estímulo e uma inspiração de crescimento.

Peço serenidade, Senhor, a fim de não usar mais o passado para desculpar o presente; e sim para viver o presente de coração grato e desarmado.

Sereno, posso perder ilusões, mas conquistarei verdades; posso ser provado e passar por duros testes, porém ficarei ancorado na esperança; conhecerei as lágrimas do pranto, mas hei de transformá-las em flores.

Sereno, não me deixarei derrubar por reações como nervosismo, angústia e depressão, e gerarei situações que constroem a paz e promovem a compreensão entre as pessoas.

Sereno, a vida fluirá em mim, capaz de vencer obstáculos sem ver neles tragédias, e atingirá as metas sem perder-se no alvoroço. E, neste fluxo da vida, levarei outros comigo, afastando-os de pântanos e lamaçais, mergulhando-os na correnteza que vitaliza as energias enchendo-os da alegria de viver.

É por isto, Senhor, que venho pedir um coração sereno. Que teu Nome seja glorificado nas minhas atitudes e que tua paz se reflita em minha vida.

Assim seja!

Vida frágil

Verdade simples, mas difícil de aceitar: não é em nós mesmos que a vida começou nem vai terminar; nós a recebemos de fora. E só numa postura de receptividade descontraída podemos cultivá-la.

A ansiedade de posse, o medo de perda e um modo tenso de lidar com a vida transformam a pessoa num mendigo esfarrapado que em tudo sofre e por tantos imprevistos se julga ameaçada.

Um pouquinho de pó, e mais não somos; basta um sopro para nos desinstalar de uma posição segura, e mesmo uma vida longa nós a sentimos como sendo uma noite de vigília. Na posse, somos perdedores.

Pequenos, frágeis, insignificantes e muito limitados, só nos resta uma atitude de entrega confiante como se fôssemos uma simples onda a balancear nas costas imensas e intermináveis do oceano.

Precisamos ser libertados do nosso falso eu que julga ser dono sem nada possuir; só a abertura de quem reconhece ser dom tudo o que tem nos fará receptáculos de uma vida que se renova na doação.

Expostos à luz da verdade, livremente tocados pelo onipresente poder criador, eis que nos rejuvenescemos até na doença e velhice. Cientes do valor real de nossos poucos dias, eles se restauram.

Em vez de perder, vamos dia a dia ganhar maior consciência no ser, mostrando-nos capazes de confiar a Deus o tempo que esvaece com tanta rapidez. Já não nos afligimos, enquanto ganhamos mais.

A graça nunca nos faltará, e sob a bênção colocamos nosso existir. Recolhidos sob o olhar amoroso de nosso Deus e guiados pela luz de seu Espírito, nossos dias anunciam a eternidade que vem.

(Leitura meditativa do Salmo)

Na efemeridade a bênção
(Salmo 89)

Tendes sido nosso refúgio, Senhor,
de geração em geração.

Antes de existirem as montanhas,
esta terra, enfim todo o universo;

desde toda a eternidade já existíeis
vós, Senhor, nosso Deus e Salvador.

Vós reduzis ao pó o homem que morre;
é ordem vossa: "Retornai ao pó".

Diante de vós o que são mil anos?
São como o dia de ontem que passou.

Ligeiros passam os anos desta vida,
são como uma só noite de vigília.

Ou um sonho matutino que se esvai,
iguais a simples erva que colheis.

No seu viço, floresce de manhã,
mas à tarde, cortada, logo seca.

Senhor, somos tão frágeis, limitados,
tão pequenos ante vosso poder.

Confrontais todos com seu nada,
e à vossa luz o enxergamos.

Termina a vida sob vosso olhar,
os anos se dissipam qual um sopro.

Setenta anos o todo da nossa vida,
os mais fortes alcançam oitenta.

A maior parte é engano e sofrimento,
vaidade que passa e se desfaz.

Quem pode avaliar vosso mistério,
com o respeito e temor que mereceis?

Ensinai-nos o valor da nossa vida,
tenha sabedoria o nosso coração.

Tratai-nos com carinho, não tardeis!
Apiedai-vos de nós, os vossos servos.

Enriquecei-nos com vossa misericórdia,
e exultaremos nesses breves dias.

Vosso consolo corresponda à nossa dor,
e possamos fruir a vossa glória.

Repouse sobre nós a bênção do Senhor,
prospere o trabalho de nossas mãos.

Ao pai confio minha dor,
o Filho eu quero seguir;
ao Espírito todo o louvor,
à Trindade vou-me unir.

TRANSFORMADORES

Somos portadores de estranhas contradições: ora nos erguemos quais gigantes, assimilando grandes problemas como fardos insignificantes; ora nos rastejamos como vermes em situações tão simples.

Tantas vezes sucumbimos à tentação: fabricamos um ídolo a que nos apegar para que resolva nosso problema e nos restitua a tranqüilidade. Pura ilusão, pois em pouco tempo se revela castelo de areia.

A vida é nossa, e nós mesmos temos de resolver tantos problemas, ou conviver com eles de modo construtivo. Nada de delegar responsabilidades, entregando-nos a forças de desintegração.

Mas Deus não que ser solução fácil; e, para nos ajudar, precisa de que o ajudemos. Antes de tudo, pela nossa fé confiante e pela generosa colaboração com o poder de sua graça, sempre maior que nós.

De per si não há nenhuma aflição que esgote nossas energias; pelo contrário, a cruz também pode servir de fonte para nos abastecer contra um sintoma de desânimo e prostração, de revolta e omissão.

As contrariedades podem servir para nos educar na firmeza dos corajosos, na paciência dos sonhadores e no serviçalismo para com tantos irmãos sofridos. A derrota ou o milagre acontecem em nós.

Razão por que não adianta culpar a vida ou as pessoas. A batalha decisiva se trava no interior do nosso coração, onde a fé suscita os mais nobres sentimentos e as atitudes mais adequadas.

Melhor é louvar sempre a Deus, pois seus dons nos tocam e também nos transformam em total gratuidade. Podemos ser vencedores em qualquer circunstância. Basta querer e confiar. E seremos fortes.

(Leitura meditativa do Salmo)

Entrega
(Salmo 30)

Em vossas mãos, ó Deus,
deposito a minha vida.

Muitos se afastam de vós,
entregando-se a ídolos.

Eu, porém, confio no Senhor,
ele olha a minha miséria.

Sois meu rochedo e refúgio,
onde me amparo e me abrigo.

Não me deixais vítima, Senhor,
das forças de desintegração.

Alargastes o caminho sob meus pés
e, sem vacilações, por ele me conduzis.

Havia tanto que me amargurava,
e eu ia pouco a pouco definhando...

A aflição me esgotava as energias,
eu entrevia próximo o meu fim.

Fui objeto de muita zombaria,
e até os amigos me abandonaram.

A minha condição os assustava,
era como se eu fosse um vivo morto.

Embora sendo como a flor pisada,
jamais deixei, Senhor, de confiar:

Sois o meu Deus, em vós confio sempre,
a minha vida está em vossas mãos.

Mais uma vez revelastes
como vossa bondade é sem igual.

Silenciastes a voz dos arrogantes,
que falam com tanta insolência.

Senhor, não decepcionais
os que recorrem a vós.

Vós os acolheis na vossa graça
e os conservais sob a vossa bênção.

Se em algum momento fraquejei,
ao queixar-me de que fui rejeitado,

reconheço, Senhor, que em tempo algum
desviastes de mim a vossa face.

Louvai sempre o Senhor, todos os homens,
confiai sempre em sua misericórdia;

tende ânimo, esperai no Senhor,
e sede fortes de coração!

Ao Pai confio minha dor,
o Filho eu quero seguir;
ao Espírito todo o louvor,
à Trindade vou-me unir.

Desabafo renovador

Quem julga não haver Deus, não tem motivo de entrar em conflito com ele; o que não ama a ninguém, tampouco vai sentir ódio; e o que vive na total passividade não se dispõe a lutar por nada.

Há doenças que revoltam o espírito, atirando a pessoa aparentemente contra Deus. Multiplica queixas e lança dardos contra aquele que serve de válvula de escape para tão grande ameaça.

Não há nisso nada de grave e certamente Deus não ficará ofendido com tal fraqueza que, no fundo, valoriza a quem agride. Mesquinha é a fé? Silenciosa também será a reação contra o mal.

Até mesmo um desabafo, regado pelo calor do coração, é um testemunho às avessas do amor. A quem não damos nenhuma importância, a esse nunca dirigimos a nossa atenção na busca de algo melhor.

Aflição grande, para não ser autodestruidora, recorre a desabafo de proporção intensa, usando a pessoa que afetivamente estiver mais próxima. Razão por que Deus se torna muro de lamentações.

Mas não demora que a pessoa, como Jó, confessa ter de agradecer àquele a quem fazia alvo de questio-

namentos. A dor a fez amadurecer, ampliando-lhe a visão e reorganizando seus sentimentos.

Sente que grilhões lhe foram quebrados; tudo é tão relativo, até mesmo o que faz sofrer: serve de degrau para atingir maior maturidade de vida e santidade. E eis que irrompe numa ação de graças.

Em vez de se isolar no abatimento, solicita a presença de pessoas amigas e, podendo, dirige-se à igreja e, num gesto de fé participada, retribui as graças recebidas pelo caminho do sofrimento.

(Leitura meditativa do Salmo)

Em pé diante do Senhor
(Salmo 115)

Grande era a minha fé, mesmo ao queixar-me
de tantas dores, tanta humilhação.

Então desabafai na minha angústia:
"Nenhum homem merece confiança!"

Que poderei retribuir ao Senhor
por tudo aquilo que ele me tem dado?

Firme, erguerei o cálice da salvação,
sempre invocando o Nome do Senhor!

Na presença do povo cumprirei
minhas promessas feitas ao Senhor.

Sei que a morte dos justos, seus amigos,
é preciosa aos olhos do Senhor.

Mas eu, Senhor, não passo de um servo,
o filho de vossa servidora.

Quebrastes os grilhões que me algemavam;
e ofereço um sacrifício de louvor.

Invocarei o Nome do Senhor,
e para ele cumprirei meus votos,

na presença do seu povo fiel,
no templo de Deus, em Jerusalém.

Ao Pai confio minha dor,
o Filho eu quero seguir;
ao Espírito todo o louvor,
à Trindade vou-me unir.

Em comum-união

Será que somos seres projetados para fora e acima de nós mesmos? De fato, parece que tudo neste mundo: minérios, plantas, animais e seres humanos não estão fechados na estrutura do seu próprio ser.

Tudo e todos vivemos numa dependência mútua e num entrelaçamento de múltiplos serviços, tendo em vista o bem-estar, o crescimento e a felicidade de cada um. E nisto está o louvor de Deus.

Sim, o que Deus mais há de querer é que suas criaturas estejam bem. O que não significa simples ausência de algum sofrimento, mas antes uma postura aberta, confiante, serena e acolhedora.

Estar identificado com nosso mundo interior e exterior, ora para corrigir, ora para eliminar ou transformar, e sempre para assumir e melhorar. Nunca para ignorar, reprimir ou deixar acontecer.

Na fé, por sua luz e consistência, mergulhamos em cheio nessa relação de pertença a tudo e todos. Em vez de vivermos passivos, indiferentes e omissos, reagimos com discernimento e fortaleza.

Ninguém nos acorrenta, nada nos detém os passos neste esforço de olharmos a realidade numa perspectiva de confiança. Se bem pouco podemos fazer, sempre nos é possibilitado melhorar o modo de ser.

E eis que nos transformamos num recipiente a acolher renovadas energias de dentro de nós e de fora, como se uma torrente de graças escorresse interminavelmente para nos dispor à luta.

"Tocados por um mistério sem fim", fazemo-nos portadores de luzes e energias que nunca monopolizamos ou manipulamos. Porém, a partir de nós, elas vão renovando também a vida de tantos outros.

(Leitura meditativa do Salmo)

Ancorados na fé
(Salmo 26a)

O Senhor é minha luz
e minha Salvação, nada temerei;

minha vida se fundamenta nele,
de ninguém terei medo.

Posso até ser agredido
pela maldade dos ímpios;

não serei eu o derrotado,
mas os que me hostilizam.

Podem vir com um exército,
na intenção de aniquilar-me,

meu coração confiante
jamais se perturbará.

Ando em busca de um só alvo,
e isso peço ao Senhor:

desfrutar de sua amizade
por toda a minha vida.

Deus é minha proteção,
quero viver na sua presença:

ser tocado pelo mistério
de sua beleza sem fim!

Mesmo em dores e aflições,
comigo estará o Senhor;

ele me abrigará no seu amor,
salvando a minha vida.

Ele me faz levantar a cabeça
e enfrentar o difícil caminho.

Com alegria me disponho
a oferecer neu sacrifício.

É assim que vou pelo caminho:
cantando e louvando o Senhor.

Ao Pai confio minha dor,
o Filho eu quero seguir;
ao Espírito todo o louvor,
à Trindade vou-me unir.

O ESCULTOR

Com grande esforço trouxe do mato uma bela tora, agora deitada na frente de sua oficina. À tardezinha, depois do serviço, nela se acomoda, entregando-se a cismas.

Imagina que de dentro da tora saiam, em alegre procissão, várias figuras com formas bem distintas; gente simples e também personagens importantes, até mesmo um estadista e um santo.

Sorriam para ele num convite sedutor para que, clemente, logo os liberte daquela obscura prisão e os entregue à luz do dia.

– Mas como? – Angustiado não enxerga boa solução. No caso de atender a um, aos outros se mostrará indiferente e cruel!...

E lembra-se de sua profissão e estado de vida: essa e mais aquela;... várias, há tempo, desejavam nele se realizar. Porém, escultor ele quis ser, e mais outros ofícios não pôde abraçar.

Conclui: em toda escolha que se faz há algo a perder e muito a ganhar. Certamente, vale mais, bem mais o que se ganha!

E resolve prosseguir talhando a vida.

Não fui eu que escolhi o que agora me cabe no latifúndio da vida: carregar esta cruz. Mas cabe a mim elaborar um jeito construtivo de lidar com esta experiência. E certamente na perda se multiplicará o ganho, para mim e para muitos outros, na Igreja de Cristo Jesus e na Humanidade. Pela graça de Deus!

A CORAGEM DE SER

Ninguém é dono de Deus, ninguém o experimenta direta e integralmente. Ninguém é dono de sua própria vida, ninguém a possui tranqüila e plenamente. Sopro que somos, a beleza em nós é fraqueza.

Tenho, sim, experiência de minha fé em Deus; a vida em mim é um fluxo que me toca ligeiramente. Mas quando me fragilizo, em doenças ou contratempos, posso sentir-me abandonado e perdido.

Deus anda retirado? A vida também se esconde de mim? Há dentro de mim um esconderijo, aonde me devo dirigir para um novo encontro? Corro eu mesmo o risco de ficar escondido de Deus e da Vida?

Como às vezes me sinto confuso e inseguro, qual criança largada na rua da amargura! Como um menino de rua maltratado e perseguido pelos transeuntes que nele enxergam um perigo, um inimigo.

Há problemas que afugentam amigos, como se de repente nos tivéssemos tornado uma ameaça para eles; há doenças que espantam até nossos familiares que então se retiram e ficam à distância.

Dolorosa é esta experiência e uma fonte de amargura que facilmente nos joga no isolamento, na re-

volta e no desânimo. Por que ainda lutar e resistir? Não é melhor partir para ficar livre de tudo?

Resta-nos um único expediente, um recurso de poder quase mágico: a entrega nas mãos de Deus por uma atitude de fé, um gesto de súplica que nos faça perceber que, mesmo assim, somos amados.

E eis que um grito sobe do mais fundo de nosso coração e começa a ecoar pelo espaço de nossa vida. Uma reação se esboça, um sentimento reconstrutor se impõe, uma nova coragem nos põe de pé.

(Leitura meditativa do Salmo)

Buscar a Deus
(Salmo 26b)

Ouvi, Senhor, sou eu que clamo:
Tende piedade de mim!

Dentro de mim uma voz insiste,
ela me diz: "Continua...

Continua procurando
a presença do Senhor!

Estou, pois, à vossa procura,
não vos escondais de mim.

Senhor, que eu não sinta em vossa face
jamais a sombra da ira.

Não é possível que me rejeiteis,
porque sois o meu auxílio.

Não me abandoneis, Senhor,
deixando-me só com minha fraqueza.

Sois um Deus Salvador,
meu rochedo, minha Salvação!

E mesmo que meus pais me abandonem,
estareis do meu lado.

Que eu não esqueça jamais
vossos caminhos, Senhor;

fazei-me perseverar neles,
malgrado todos os obstáculos.

Que eu não desanime nunca;
nem sucumba ao poder do mal.

Muitos conspiram contra mim?
Não hei de vacilar!

Agarro-me a esta certeza:
meu Deus nunca há de faltar-me.

Confiemos, pois, no Senhor;
seremos fortes e corajosos!

Ao Pai confio minha dor,
o Filho eu quero seguir;
ao Espírito todo louvor,
à Trindade vou-me unir.

Deus é minha segurança

A experiência da presença de Deus e de sua amorosa graça é realmente força que integra sentimentos e atitudes, circunstânciais e fatos, situações e pessoas num todo harmonioso que irradia paz.

A vida nos aplica seus golpes e todos andamos debilitados nas estradas deste mundo. Porém, a nobreza suscitada e alimentada por uma fé simples e corajosa confere-nos uma dignidade ímpar.

O que mais embrutece e estraga o coração humano é, sem dúvida, a convicção ilusória de que se é alguém diferente, muito especial. Como se as fraquezas humanas fossem problema unicamente alheio.

Tal atitude fecha o círculo, exclui os outros, projeta os males e recusa parcela de responsabilidade na tarefa que nos é confiada, para que cada um dê sua contribuição por uma vida melhor.

Se a coesão entre elementos e dimensões é básica para uma vida cheia de sentido; e se este coincide com o objetivo a que orientamos a vida, torna-se claro quanto a fé pode confirmar o existir.

Ao expressar na oração esta fé, assumimos de modo consciente a vinculação de todo o nosso ser e agir numa perspectiva de integração, orientando-nos à luz da restauradora união com Deus.

Desta maneira ampliamos e aprofundamos os horizontes do viver e podemos reavaliar o que nos sucede, bem como assumir construtivamente situações difíceis, fazendo com que sirvam ao nosso bem-estar.

Aparentemente fragilizados, sofrendo limitações de várias espécies, conservamo-nos de pé, transformando em instrumento de sublimação o que é sentido como perturbação. E irrompemos num canto!...

(Leitura meditativa do Salmo)

Bem seguro
(Salmo 90)

Tu que sempre habitaste
sob a proteção do Altíssimo,

e bem protegido gozas
da bondosa intimidade,

dize ao Senhor com alegria
o que cada dia provas:

"Senhor, sois minha segurança,
sois meu refúgio, em vós confio".

Ele te livrará dos perigos,
embora possam multiplicar-se.

Cobrir-te-á com seu amor,
jamais negando o seu amparo.

Fortaleces tua fé,
sem temer nenhum perigo.

Confiante enfrentarás
as ameaças da vida.

Frágil que seja nossa condição,
aprenderás a conviver com ela.

Nem irás escandalizar-te
com as limitações dos outros.

Muitos desistem ao teu redor?
Mas tu jamais irás desistir!

Verás o bem produzir frutos,
o mal pagar seu triste preço.

Assim acontecerá contigo
ao te entregares ao Senhor;

e se confiante o escolheres
como teu guia e bom refúgio.

Os males irás vencendo,
suportando adversidades.

Nada no mundo há de fazer que sejas
como um pobre soldado derrotado.

O Senhor mesmo dará ordens,
para seus anjos te guardarem,

com mil cuidados te livrando
de todo tropeço no caminho.

Darão amparo, quando precisares,
e coragem na hora em que pedires.

Até os males serão convertidos
em motivo de bênção para ti.

Perigos, saberás como enfrentá-los,
sem temer sua face apavorante.

Quem quiser arruinar-te,
tombará aos teus pés.

Então, dirá o Senhor:
"A mim te uniste, no amor;

eu mesmo te desato das algemas:
porque aceitaste a graça, viverás.

Ao me invocares, eu te atenderei,
sempre comigo poderás contar.

Assim, vencendo todo mal,
a minha glória será tua.

Se longa for tua vida,
a minha bênção herdarás.

E cada dia, como novo prêmio,
tu participarás da Salvação".

Ao Pai confio minha dor,
o Filho eu quero seguir;
ao Espírito todo o louvor,
à Trindade vou-me unir.

Na paz de Deus

A pessoa que vive da fé não precisa perder-se nas limitações da sua própria condição. Além de andar na vida, também se experimenta carregada; há algo mais. Alguém maior que olha e zela por nós.

É o mistério de forças inimagináveis dentro da própria pessoa e, sobretudo, Deus que se faz luz e dinamismo para quem abre o coração para ele. Apesar de tudo, a cruz não esmaga; torna-se alavanca.

Em nossa vida, as adversidades desempenham importante função: desinstalam da rotina, convidam para o que está em frente, aguçam a vontade de vencer. Além de serem desafio, tornam-se promessa.

Confrontam a pessoa ainda com sua própria verdade, sugerem-lhe o caminho por onde andar, pedem paciência para o momento oportuno chegar, e vinculam a uma dimensão mais profunda da experiência.

Pessoa sofrida é também alguém com os pés no chão, imersa na realidade; e ao mesmo tempo eleva-se muito acima do fatual, pela esperança que não lhe permite deter-se em resignação conformista.

Aprende a não gastar energia em vão e se faz oferta à vida e aos outros como o pão e o vinho que, banhados pela solidariedade do amor fraterno, são transformados pelo poder de Deus.

E eis que a Salvação se reveste de carne e osso na condição fragilizada de quem anda curvado sob a cruz. Não se vende às falsas insinuações de um poder escravizante, mas firma-se na liberdade.

Vislumbra o lado de dentro da doença, o que lhe permite colocar as frágeis energias da vida a serviço de uma nova bênção. E o poder da ressurreição faz brotar algo novo na fragilidade humana.

(Leitura meditativa do Salmo)

Ancorado em Deus
(Salmo 4)

Com Deus posso contar sempre,
toda vez que a ele recorro.

Visitado por tribulações,
é o Senhor quem me protege.

Compadecei-vos de mim, Senhor,
e acolhei minha oração.

Não entendo esse povo insensato,
os que endurecem o coração!

Por que amam tanto a vaidade,
e permanecem presos à mentira?

Como se deixam arrastar
por verdades tão fúteis?

Coisas que mais não são
que uma brisa passageira.

Saibam: o Senhor faz maravilhas
por todos que se mostram fiéis.

Eu sei como é bom o Senhor;
ele me atende quando o invoco.

Também vocês vivam no temor de Deus,
e mudem o seu comportamento

No silêncio, coloquem-se em dia
coma as exigências do coração.

Ofereçam este sacrifício:
ser sincero e confiar no Senhor.

Vocês me fazem esta pergunta:
"Mas quem nos fará felizes?"

Só peço: fazei brilhar sobre mim
a luz de vossa face, Senhor.

Assim uma alegria imensa
invade o meu coração.

Alegria bem maior que a daqueles
que se perdem em suas riquezas.

E quando à noite me deito,
logo adormeço em paz.

Porque a bênção do Senhor
sempre repousa sobre mim!

Ao Pai confio minha dor,
o Filho eu quero seguir;
ao Espírito todo o louvor,
à Trindade vou-me unir.

Angústia

Contratempo, dor, algo que não devia existir; assim o experimentamos. Perturba nosso modo familiar de ser e agir, de crer e planejar, de nos relacionar e assumir tarefas.

Pior quando nos sentimos atingidos por animosidade alheia e sofremos hostilidade de pessoas conhecidas ou amigas. Isso nos atinge no mais íntimo e facilmente nos desequilibra, inconformados.

Se por acaso já estamos fragilizados por outros problemas, podemos até ser acometidos por alguma depressão. É uma reação defensiva contra dificuldades que nos encontram despreparados e inseguros.

Incapazes de lidar bem com tempestades externas e convulsões internas, projetamos sobre outros e até sobre Deus a causa de nosso sofrimento. E assim nos afastamos de uma solução adequada.

E eis que ficamos arrastando uma cruz que não resulta em crescimento para ninguém; só pesa, castiga e esmaga, na tristeza. Há motivo de esperança quando, mais confiantes, começamos a reagir.

Ou assumimos nossa cruz e, carregando-a, dispomo-nos a transformá-la em instrumento a serviço de uma libertação interior, ou deixamos que ela nos humilhe como se fôssemos vítimas impotentes.

Numa postura de fé, voltando-nos para Deus, relativizamos o que tanto nos incomoda. Haurimos nova coragem da presença de nosso maior Amigo e mostramos bom desempenho da responsabilidade pessoal.

Se sofrer faz parte da vida, viver é vibrar em torno e a partir de uma energia que se renova para o crescimento das pessoas. E eis que iniciamos uma nova caminhada, para a felicidade de todos.

(Leitura meditativa do Salmo)

Interpelação
(Salmo 6)

Senhor, o que estará me acontecendo?
Todos, talvez, se voltem contra mim?

Vede, ó Deus, sinto-me tão deprimido;
e sob esse torpor eu me pergunto:

Será que Deus está me rejeitando?
Já nem se lembra mais de seus amigos?

Por vossa bondade, olhai para mim
e não me abandoneis a essa aflição.

Porque na triste habitação da morte,
como posso louvar-vos, meu Senhor?

Sozinho não encontro lenitivo,
nem dou conta dos passos do caminho,

arrastando essa cruz sem alvorada
que me pesa nos ombros recurvados.

Chorar..., já chorei tanto,
meus olhos turvaram-se de pranto;

envelheci na dor
e o gemido alimenta-me o sofrer.

Senhor, quero afastar-me
dos que me hostilizam.

Que sejam confundidos todos eles
que tanto me perturbam.

Concedei-me a alegria de viver,
para continuar, Senhor, a vos servir.

Atendei meu lamento tão sincero,
atento ouvi a minha súplica.

Sinto que ouvistes os meus rogos:
os que me querem mal, estão envergonhados.

Meu Deus tranqüilizou meu coração,
e de novo encontrei a paz sonhada.

Ao Pai confio minha dor,
o Filho eu quero seguir;
ao Espírito todo o louvor,
à Trindade vou-me unir.

Arqueóloga

Em busca de originais sintomas de uma antiga cultura, armada de sensibilidade científica e de uma picareta, ela foi escavar a terra. Suas mãos ansiosas e prudentes empunham o instrumento de trabalho com a delicadeza de um carinho e o ardor de uma prece.

Quantas pedras no caminho, quanto lodo nos sapatos! Suor e cansaço durante algum tempo. Mas o dia chegou... Repentinamente, sua vista envolveu com grande admiração algumas delicadas conchas, artisticamente trabalhadas.

Inofensivas riquezas a refletir mensagens eloqüentes, em formosa simplicidade. Linguagem de uma cultura distante com repercussões na atual abertura ao futuro.

Assim, pensou, a individualidade de cada um: mais do que acúmulo de novas aquisições é antes de tudo essencial nudez de uma estrutura bem simples.

E mais do que ser construída, com sempre novos acréscimos, pede ser resgatada na qualidade de essência da alma, carinhosamente emanada das mãos de Deus, mistério de comum-união que reclama acolhimento, gratidão e muito respeito.

A enfermidade e a velhice depositam nas mãos de quem convocam instrumentos de arqueólogo, a fim de que a pessoa se coloque em busca de sua mais profunda e oculta essência. Através da prova, desbastada em sua crosta, há de fazer aparecer a insuspeita beleza com que Deus a reveste, sob as humildes aparências da fragilidade.

Dependência

O ser humano é um animal sedento; compulsivamente é impelido por desejos que não conhecem fronteiras, sempre sonha mais além e nunca se dá plenamente por satisfeito. Inquieto é seu coração.

Até que possa descansar no que enche suas medidas; feito para o infinito, é estimulado a transcender-se cada vez de novo e nunca encontra paz perfeita em conquistas que alcança nesta vida.

Velhice com suas limitações, doença com seus empecilhos, como podem doer! A pessoa já não pode ser o ator de seu próprio destino; limitado no trabalho, tem de reduzir múltiplas relações.

Eis o que tanto a incomoda: onde tomava iniciativa, agora outros assumem a responsabilidade por ela; onde se mostrava criativa e independente, agora tem de assumir uma postura de dependência.

Uma angústia a invade, já não sente a graça da vida... Será que assim ainda vale a pena? E o trabalho que dá aos outros? Sente nisso uma espécie de humilhação. É como se fosse um tipo de um crime!

Carece de ser ajudada a fim de que, numa perspectiva de fé, redescubra o sentido desse penar. O sofrimento pode ser um embrulho feioso, porém esconde também ricas bênçãos, graças preciosas.

É preciso abrir-se a outras perspectivas, muito acima das simples emoções. Banhada, na fé, pelas águas do infinito e inserida no Projeto de Deus, pode encontrar novo ânimo. Sua vida está a serviço.

Grande nas limitações, a pessoa enferma pode elevar-se a novas alturas levando consigo tantos outros. Seu testemunho de vida é capaz de vencer resistências e abrir alguma porta a prisioneiros.

(Leitura meditativa do Salmo)

SEDE DE DEUS
(Salmo 41)

Como um animal sedento
buscando as águas de um córrego,

meu coração ansioso
procura a Deus, sem cessar.

Minha alma tem sede de Deus,
do Deus que salva e vivifica.

Quando hei de experimentar
a sua santa presença?

Dia e noite do meu íntimo
brotam lágrimas e lágrimas,

enquanto ao Senhor suplico:
revelai-me o vosso rosto.

Ao lembrar nossa caminhada,
esmaga-me o peso da dor;

eu ia na frente conduzindo o povo
para o louvor na Casa de Deus.

Cheia de alegria e esperança
a multidão em festa ia cantando.

Por que agora me sinto abatido,
a alma tão deprimida e infeliz?

Preciso reaver minha esperança,
de louvar novamente o meu Deus.

Vós me libertastes, Senhor,
sois meu Deus, minha salvação!

Mas minha alma, pesada,
se arrasta pelo chão,

enquanto lembro o Senhor
nesta terra tão distante.

Sinto-me como se estivesse
sob águas revoltas submerso,

e açoitado pelo fragor
das torrentes impetuosas.

De dia anseio por Deus,
por sua amigável presença;

de noite quero louvá-lo
por salvar a minha vida.

Diante do Senhor abro o meu peito:
Sois meu apoio, não me abandoneis.

Ando triste e angustiado,
curvado pela aflição.

A humilhação mais aumenta
quando ainda recebo insultos:

"O teu Deus?... Onde estás ele?
Nunca vai poder salvar-te".

Minha alma, não te entristeças,
não te inquietes, não te aflijas.

Apesar de tudo, espera
louvar novamente a Deus.

Vós, me libertastes, Senhor,
sois meu Deus, minha salvação.

Ao Pai confio minha dor,
o Filho eu quero seguir;
ao Espírito todo o louvor,
à Trindade vou-me unir.

Autenticidade

Olhar ao redor de si e perceber a interligação e o entrosamento de tudo e todos, visando a harmonia da criação e o bem-estar da pessoa humana, resulta num enlevo do mais puro prazer.

Na enfermidade, a pessoa sofre um desequilíbrio entre os diversos componentes de seu organismo ou/e de sua personalidade. Esse desequilíbrio pode ter sido provocado por motivos vários.

Ora estão em jogo fatores orgânicos, ora fatores educacionais ou circunstanciais, ora fatores relacionais, psíquicos e espirituais entrando em desalinhamento com outros aspectos do nosso ser e agir.

A leitura e meditação deste Salmo concorre para percebermos uma funcionalidade positiva até mesmo numa enfermidade. A pessoa, pois, passa a conscientizar-se da ausência de algum equilíbrio.

A seguir, dispõe-se a reintegrar melhor todas as dimensões de seu próprio ser. Afinal, em nível de relações podemos reajustar nossa vivência e nossa personalidade, o que trará gozo para o coração.

Desta feita, o que era caos (desordem) transforma-se, a partir de uma visão e postura de fé, em cosmos (ordem) ou harmonia renovada. O que será benéfico no combate e no lidar com doença.

Fatos mostram que uma conversa amiga, uma planta, um remédio, uma visita de médico podem influenciar positivamente o esforço humano de se reerguer de uma prostração, trazendo alegria de viver.

Provocam assim um modo mais positivo de lidar com uma situação fragilizada. Por que então não teria um efeito altamente positivo esse gesto de fé e esperança, que é a oração e meditação?

(Leitura meditativa do Salmo)

VÓS, SENHOR, ME CONHECEIS!
(Salmo 7)

Senhor, em vós eu busco sem cessar
a força de que preciso.

Pesados se tornaram os meus dias
por tantos problemas que sofro.

Será que o sofrimento que me aflige
vem de algum mal que cometi?

Então que venham os malvados
perseguir-me e castigar.

Seja como pó o meu nome
espalhado pelo vento.

Mas vós, Senhor, nos conheceis,
e penetrais no nosso íntimo.

Vinde, pois, socorrer-me nesta hora
e fazei-me justiça.

Sabeis da minha integridade,
vós que sondais meu coração.

Não me deixeis entregue à sanha
das armadilhas do mal.

A vossa Salvação é para nós,
os que se afastam do pecado;

sois a espada que defende os fiéis,
os que são corretos no agir.

Diante do crime jamais escondeis
vossas armas e vossa cólera.

E contra a astúcia dos ímpios
lançais flechas inflamadas.

Por isso, sem cessar, observais
a quem planeja a maldade;

e os que vivem na senda da mentira
encontrarão o seu castigo.

Esses hão de tombar no imenso fosso
que eles mesmos cavaram,

e hão de tornar-se vítimas fatais
da própria violência.

Mas eu darei glória ao Senhor
que fez brilhar sua justiça,

e cantarei louvores para sempre
ao Senhor meu Deus e Salvador!

Ao Pai confio minha dor,
o Filho eu quero seguir;
ao Espírito todo o louvor,
à Trindade vou-me unir.

Presença suave

Em todas as fibras de nosso ser e nas dimensões de nossa personalidade, em todas as áreas de nosso existir e nas modalidades de nossa comunicação, há um lado de dentro e algo mais que nos toca.

Luz misteriosa à nossa disposição e cadência que nos embala, desejo que nos atrai e força que nos sustenta, impulso que nos coloca a caminho e amor que nos envolve numa relação onienvolvente.

Por sabermos que nunca estamos sós, mas sempre ladeados por uma presença amiga, podemos, em adversidades e aflições, soltar um grito de socorro e, em situações abençoadas, externar nossa gratidão.

E o eco se produz no mais íntimo de nós, onde nosso eu profundo encontra o tu mais solidário, conjugando-se na harmonia de uma união que nada neste mundo está capaz de destruir.

Na perspectiva da fé vislumbramos o Deus criador e salvador, fiel parceiro de uma Aliança que nos faz portadores de um destino eterno e feliz, e artífices da resposta que imprimimos ao viver.

Porém, nunca nos perdemos sob o peso da responsabilidade e muito menos no medo do desconhecido, uma vez que sempre prevalece uma imensa e misteriosa gratuidade que tranqüiliza o coração.

Ao nos debruçarmos sobre este mistério, tão cotidiano e sempre surpreendente; ao nos deixarmos tocar por mão amiga, que freqüentemente nos carrega, externamos louvor em clima de admiração.

Que maravilha será esta? Mesmo machucados, as coisas conspiram a nosso favor; embora fragilizados, uma força interior se restabelece e, em situação nenhuma, a paz nos abandona. E irrompemos!...

(Leitura meditativa do Salmo)

Ao alcance de Deus
(Salmo 138)

Senhor, penetrais no meu íntimo,
e bem a fundo me conheceis.

Quer eu desça às profundezas,
quer eu levante vôo às alturas.

De longe conheceis meus pensamentos,
em mim não há segredo para vós.

Nem preciso sequer abrir a boca,
e já sabeis tudo o que vou fazer.

Tudo conheceis, Senhor,
meu passado e neu futuro.

Fostes vós que me criastes,
e vossa mão me envolve.

Admirável é a vossa sabedoria!
Jamais poderei entendê-la.

Como distanciar-me de vós,
e subtrair-me ao vosso olhar, Senhor?

Se atinjo grandes alturas,
ali já vos encontrais.

Se desço a profundidades,
também ali esbarro em vós.

Se voar além do horizonte,
ao outro extremo do mar,

também ali, por vós sou conhecido,
vou sentindo o poder de vossa mão.

Portanto, será inútil exclamar:
"Que as trevas me venham envolver!"

Para vós, cada noite é como o dia;
e esta certeza tanto me conforta.

Vós me sondais, Senhor, até os rins;
desde o seio materno vos pertenço.

Eu vos louvo e agradeço, Senhor;
maravilhoso é o vosso proceder.

Nada há que se iguale às vossas obras!
E muito falta para eu conhecer.

Ao plasmar-me no seio da natureza,
nada, então, do meu ser vos era oculto;

tudo em mim, Senhor Deus,
já conhecíeis a fundo.

Ainda não tinha nascido,
e já me olháveis com amor;

ainda não vivia neste mundo,
e meus dias já estavam contados.

Grandiosos são vossos pensamentos,
e o vosso poder tudo ultrapassa.

Como citar as vossas maravilhas,
mais numerosas do que os grãos de areia?

Mesmo que eu decifrasse tudo,
teria, em vós, maior mistério!

Como então tolerais os opressores?
Senhor, afastai de mim esses malvados.

Suas idéias supuram de vaidade,
carregadas de duplas intenções.

Por acaso, dos que vos menosprezam,
eu não vou alcançar o esquecimento?

E me sentirei inibido
diante dos que vos desrespeitam.

Sim, os que se recusam a conhecer-vos,
esses não podem ser meus amigos.

Continuai a sondar meu coração
e perscrutai todos os meus caminhos.

Cuidai que em mim não haja falsidade,
e conduzi-me à vida eterna.

Ao Pai confio minha dor,
o Filho eu quero seguir;
ao Espírito todo louvor,
à Trindade vou-me unir.

Amorosidade

Pelo menos para isto serve a fragilidade de nossa condição humana: fazer-nos sentir e reconhecer que não somos, em absoluto, donos de nada. Mas somos filhos do Dono da Vida e do Universo!

É preciso buscá-lo, abrir-nos para ele a fim de que irrigue o chão árido de nosso coração, e possamos sintonizar-nos com a vibração de seu amor que se torna poesia em coisas, fatos e pessoas.

Em nossa experiência de Deus nunca chegamos a identificar-nos com ele, e tampouco nos é dado exercer sobre ele algum domínio ou atitude de posse. Ele é o Outro por excelência, sempre diferente.

Razão por que sempre é fator de acréscimo, ampliando em nós a visão sobre a realidade, renovando a nossa postura frente à vida e suas situações e servindo-o na dignificação de tudo o que nos cerca.

Ele não se impõe, pois é oferta pura no anonimato do amor; ele não se reduz a norma, uma vez que é luz que se projeta à frente de nós; ele só nos cativa enquanto nos introduz na liberdade de ser.

No amor deslizamos sobre os caminhos, movidos por seu toque que inocula algo do poder divino nas veias da nossa alma. Somos qual vaso cuja plenitude transborda, fecundando o chão a seu redor.

Livres da insegurança já não precisamos sentir-nos ameaçados, o que nos enche de confiança frente a obstáculos e perigos. Agora prevalece a coragem de ser, na luz da fé e no dinamismo da vida.

Nada e ninguém nos priva da graça enquanto andamos na presença do Senhor. Nada nos humilha, e podemos exultar de alegria. Parece que agora o mundo anda conspirando a nosso favor. Somos irmãos!

(Leitura meditativa do Salmo)

ALEGRIA
(Salmo 62)

Só Deus é o Senhor,
dono da minha vida.

Dia e noite, com grande ardor,
ando em vossa busca, Senhor.

Como a terra calcinada do sertão,
gritando pela água que lhe falta,

assim minh'alma tem sede
de Deus meu Salvador.

Ah, tivesse eu sempre
a experiência de Deus!

Fosse eu sempre tocado
por seu poder e sua glória!

Mais do que a própria vida,
vale-me o seu grande amor.

Disso quero dar testemunho,
cada dia de novo.

Bem feliz me posso sentir:
minha alma exulta de alegria.

Antes de invadir-me o sono,
é intensa a lembrança do Senhor.

Quando vos experimento
como apoio e proteção,

eu transbordo de alegria,
exulta meu coração.

Agarro-me assim ao Senhor,
e ele me segura firme.

Sem temor, eu afronto os perigos
que a vida consigo nos traz.

Até os que me hostilizam,
perdem a força agressiva.

Nada conseguem fazer
para me privar da graça.

Posso exultar de alegria
por andar na presença do Senhor.

Quem assim vive convosco,
nunca será humilhado.

Mas os que praticam o mal,
terão de arrepender-se.

Os amigos do Senhor
receberão glória e louvor!

Ao Pai confio minha dor,
o Filho eu quero seguir;
ao Espírito todo louvor,
à Trindade vou-me unir.

PRECE DO ENFERMO

Senhor Jesus, agora sei como é incômodo sentir as limitações da minha condição humana. Estou doente. O corpo já não me obedece e sou condenado a uma dependência que tanto me desagrada. A enfermidade me castiga e humilha; aflige minha alma, inquieta a mente e perturba meus relacionamentos.

Senhor, para vós eu volto meu olhar em busca de um lenitivo. Lembro-me de vossa promessa: "Vinde a mim, vós que estais aflitos e eu vos aliviarei". Antes de mim, andastes curvado sob a cruz.

Peço-vos a graça, Senhor, de poder acompanhar-vos nesta "Via-Sacra" da vida, onde minhas forças se mostram limitadas. Bem o sei, não sois vós que me castigais; ao contrário, transformais esta situação difícil numa nova oportunidade de bênção e redenção, para mim e para tantos outros a quem posso servir debaixo desta cruz.

Através desta enfermidade, com seu mal-estar e misteriosa riqueza, vós me convidais a ser veículo da graça, instrumento da Salvação. Nisto confio, Senhor, e muito vos agradeço.

Constrangido, e ao mesmo tempo alegre e confiante, quero assumir a missão que me confiais. Unido a vós e amparado por Maria, serei como o grão de trigo: primeiro, triturado; depois, transformado em pão que mata a fome e redobra as energias; serei também como a uva: primeiro, esmagada; e, depois, transformada em vinho que alivia a sede e alegra o coração.

Senhor, ajoelho-me diante de vossa cruz e quero abraçá-la, assumindo esta porção de dor que a vida me reserva. Sustentai-me pelo poder do Espírito e ajudai-me a crescer no amor para que, por mim também, este mundo alcance maior plenitude. Assim seja.

Estou com você!

Alguém já observou que a mais bonita de todas as coisas é Deus acontecendo no coração de uma pessoa, no âmago de nossa vida. Ora, na minha experiência de "cura d'almas" sei que isto é verdade.

Sobretudo na peregrinação dos enfermos e idosos vejo Deus elevado acima de um simples conceito, como alguém que não é manipulado mas respeitado na sua unicidade, fazendo sentir sua presença amiga.

Um Deus que nada promete além do "estou com você para o que der e vier"; um Deus que não impõe cobrança nem insinua ameaça, mas na gratuidade de seu amor pede um coração com entrega confiante.

Quem ousa aceitá-lo como fiel companheiro nos íngremes caminhos da vida não alcança sua milagrosa intervenção violentando situações. Pode, sim, estar seguro de que tudo chegará a boa solução.

Trazem acontecimentos nuvens negras, sucedem fatos que fazem estremecer o coração, amigos tornam-se fonte de decepções...; eis que o Parceiro da Aliança mantém a pesoa no equilíbrio da paz.

Algo muito bonito acontece a ponto de comover todos que têm o privilégio de desfrutar da experiência de fé de um enfermo que acolhe Deus em seu coração e com ele vai construindo nobre parceria.

Um admirável cântico de louvor, uma bela ação de graças brota do coração sofrido de quem crê. Mesmo sob o peso da cruz, quantas graças recebidas, quantas luzes partilhadas e quanto amor cultivado.

Deus já não é uma simples idéia, nem defensor da ordem estabelecida e muito menos uma exigência a se multiplicar. Ele é experimentado como total gratuidade e o toque suave que a todos encanta.

(Leitura meditativa do Salmo.)

CANTAI AO SENHOR
(Salmo 95)

Cantai ao Senhor um canto novo,
cantai, ó homens, na terra toda!

Cantai e bendizei ao Senhor,
anunciai sua obra de Salvação.

Entre povos e nações proclamai
as maravilhas que ele realiza.

Ele é grande, ele é digno de louvor;
ninguém é como o Senhor.

Os deuses dos pagãos são ídolos,
só nosso Deus é criador.

Sua majestade brilha em sua face,
enchendo o Santuário de esplendor.

Povos todos rendei glória,
louvai o Senhor nosso Deus.

Não há ninguém como o Senhor,
digno de merecer nossa homenagem.

Aproximai-vos do seu altar,
e oferecei-lhe sacrifícios;

a ele a vossa adoração
entre os louvores mais solenes.

Reconhecei-o com respeito:
tudo está sob seu domínio.

Sustém inabalável o universo,
sua justiça governa a terra inteira.

Alegrem-se também os céus e a terra,
e rejubilem todas as criaturas;

junte-se a esse canto de louvor
o mar com tudo o que nas águas vive.

Exultem prados, campos e montanhas,
flores e frutos, relva verdejante;

ruidosas farfalhem em coro
todas as árvores das matas.

Proclamem todos a presença do Senhor,
que de nós vem-se aproximando.

Ele vem para julgar os habitantes da terra,
e governá-los com justiça.

Na lealdade e na misericórdia
hão de servir os povos ao Senhor.

Ao Pai confio minha dor,
o Filho eu quero seguir;
ao Espírito todo louvor,
à Trindade vou-me unir.

Bem ligado

Na alma humana parece haver uma fissura, em nosso coração um vazio, na vontade uma fenda; sentimo-nos uma ferida. Um grande desequilíbrio nos acompanha e somos problema para nós mesmos.

Como é difícil lidar com as próprias limitações, familiarizar-nos com contradições internas, e com lealdade assumir nossas deficiências. A tendência é acusar algo ou alguém de fora.

O que mais pode ajudar-nos, além de um hambiente favorável e pessoas amigas, é, sem dúvida, uma postura correta banhada de humildade e confiança. Afinal, pintamos a vida com a cor que escolhemos.

Estado de ânimo amargo concorre para tornar insuportável o que se apresenta pesado; leveza de espírito dá graça às nuvens escuras que nos encobrem. E eis que nos abrimos a uma nova luz.

A fé em Deus pode operar maravilhas. Não é que possamos exigir ou esperar milagres; Deus não se substitui a ninguém, mas a todos enriquece com a sua presença amiga e o poder de sua graça.

Deus não evita tempestades, porém nos torna aptos para que as transformemos em fonte de energia a serviço de melhor qualidade de vida. O problema somos nós: sabemos acolher as dádivas divinas?

Uma atitude de fé serena impede que nos percamos num detalhe passageiro que eventualmente ofusca nossa caminhada. Vamos enxergá-lo na qualidade de instrumento que promove crescimento espiritual.

O mais decisivo na vida não é que tudo corra como desejamos nem que sejamos, em tudo, donos da situação. Importante mais que tudo é que seja leve e criativo o nosso jeito de ser e lidar.

(Leitura meditativa do Salmo)

Por Deus sustentado
(Salmo 10)

Em Deus está a nossa segurança;
ele é nosso refúgio inviolável.

Que sentido faz então
querer fugir e esconder-se,

como um pássaro que vôa
tão assustado e medroso;

procurando, mata adentro,
não ser visto por ninguém?

Perigos de toda sorte
rondam nosso dia-a-dia;

adversidades bem grandes
persistem em ameaçar-nos;

até mesmo a própria vida
pode tornar-se ameaça!

Mas nem por isso, Senhor,
nós nos sentimos perdidos.

Como se inertes ficássemos,
nada restando a fazer.

Longe de nós mergulhar
na simples desesperança.

Ao contrário, sempre confiamos:
Deus está conosco e nos ampara.

Tudo está sob seu controle,
nada lhe pode escapar.

Do alto nos olha, atento e amoroso,
e nos cobre com sua bênção.

O Senhor também penetra
no mais íntimo de nós

Ele sabe o que se agita
no segredo do coração.

O Senhor repudia a violência;
dos maus não quer nem saber.

Mas nos bons ele se alegra,
trata-os como seus herdeiros.

Por isso espero viver
na justiça do Senhor.

Quero ser amigo de Deus,
nele vou poder confiar.

Contemplarei um dia sua face,
e na sua presença viverei!

Ao Pai confio minha dor,
o Filho eu quero seguir;
ao Espírito todo louvor,
à Trindade vou-me unir.

Vítima, nunca

Na situação precária de uma enfermidade, será ainda possível ver atento e admirado a beleza que nos cerca? Haverá jeito para o coração cansado irromper confiante e grato numa ação de graças?

Infeliz a pessoa que caiu na armadilha da "síndrome de vítima", onde ela se julga injustiçada e merecedora de compaixão e dó. É o começo de um enfraquecimento progressivo que a joga no chão.

Nessa atitude está o início da desintegração psíquica e espiritual. Sofre-se a tentação de comparar-se com os outros e de julgar-se inferior a eles, até mesmo incapaz e inútil ou um peso.

Em vez de perguntarmos: "Por que" isto está acontecendo comigo? – é preciso inverter a pergunta em direção ao "para que" isso poderá servir a mim a aos outros, tornando-se experiência positiva?

Serena e confiantemente situada, a pessoa enferma adquire uma sensibilidade mais envolvente e um olhar mais amplo diante da realidade, que lhe vai revelar certos aspectos até então despercebidos.

Nos fenômenos da natureza, vê a multiplicidade de seres e serviços; e no comportamento humano, ela avalia a pequenez de nossa condição humana. E aprenderá a rir de nossas vãs pretensões.

Daí é só um passo para ela se entregar, em confiante oferta, àquele que tudo administra com sabedoria incompreensível, de modo que em sua fraqueza humana passa a revelar-se o poder da graça.

A pessoa enferma ou fragilizada, impelida por uma visão e postura de fé, será capaz de oferecer-se no altar da vida como dom de que Deus poderá dispor em benefício do seu Projeto de Salvação.

(Leitura meditativa do Salmo)

Jeito de Deus
(Salmo 32)

Ó vós, justos da terra,
alegrai-vos no Senhor;

cantai com entusiasmo,
louvando e bendizendo a Deus.

Entoemos belas canções
ao som dos nossos instrumentos.

Brotará um canto novo
dessas melodias de louvor.

Firme é a Palavra de Deus;
ele é transparente no que faz.

O Senhor mostra o seu amor,
ama a Justiça e o Direito.

O firmamento e as estrelas;
o sopro de sua boca os criou.

Assim também conteve o mar,
domou as forças da natureza.

Diante do Senhor nosso Deus,
mostre a terra respeito e temor.

E todos os homens o reverenciem!
Sua palavra é ordem.imediata:

Do nada brota a existência
e o irreal passa a ser.

O Senhor está acima de tudo;
desfaz os projetos dos homens.

Somente o que ele planeja
tem permanência para sempre.

E os seus pensamentos
atravessam tempos e gerações.

Do céu ele observa a todos,
e se debruça sobre nós.

Feliz o povo que escolhe a Deus
e tem o Senhor como sua herança.

Cada um de nós tem nele sua origem;
e atento o Senhor nos acompanha.

Ele conhece os nossos movimentos,
sem o Senhor nada pode acontecer.

Que vale toda a nossa habilidade?
Ninguém nada realiza só por seu poder!

Ilusória é a força da violência;
a ninguém oferece segurança.

O Senhor olha com carinho
os que o temem e nele confiam.

Só ele é Capaz de salvar-nos:
liberta-nos da morte, e conduz à vida.

Firmes esperamos em Deus,
nosso auxílio e nossa proteção.

Na esperança, alegres aguardamos
sua infinita misericórdia.

Ao Pai confio minha dor,
o Filho eu quero seguir;
ao Espírito todo louvor,
à Trindade vou-me unir.

Cura = renovação

A enfermidade não é só um distúrbio; é também questionamento relativamente à maneira como me enxergo e me posiciono. Neste sentido, a cura não se limita a um simples restabelecimento físico.

Ela também implica uma reformulação da vivência nas variadas relações. Portanto, quem passa por uma enfermidade é convidado a reavaliar seu "modus vivendi", seu jeito de ser e lidar.

Embora seja uma experiência dolorosa e desafiante, ela há de estar a serviço de uma vida mais plena. "Deus é mais!", a vida é mais, e eu também sou mais. Até a doença é mais, muito mais.

Em tudo e em qualquer experiência há oferta de uma plenitude ulterior. A graça está onipresente! Na medida em que avançamos na existência, nosso olhar vai-se abrindo, o coração se renovando.

E eis que esse "mais", esse "lado de dentro" vai revelando-se à nossa consciência. Em clima de admiração, sentimos a paz instalar-se de modo diferente no mais íntimo de nossa alma.

Quem não fez ainda essa caminhada, pode até estranhar quando flagra alguém, embevecido, numa ação de graças, mesmo quando a vida aparentemente o castiga duramente. "Quem se compara ao Senhor?"

Faltam-nos palavras, mas intuímos aqui um mistério que nos restaura. Sentimos o olhar dele; um olhar carinhoso, como se conosco ele risse e chorasse, em tudo acompanhando-nos bem de perto.

Embora não sejam propícias as condições para atender ao que lhe pedimos, em algum detalhe, Deus se faz sentir presente. E nunca nos decepciona. Pelo contrário, a cada um reserva a graça adequada.

(Leitura meditativa do Salmo)

AMIGO DOS PEQUENOS
(Salmo 112)

Louvai, ó servos, o Senhor,
louvai o Nome do Senhor.

Bendito seja o Senhor,
agora e pelos séculos, amém.

Desde o nascer ao pôr do sol,
seja louvado o Nome do Senhor.

Deus reina sobre todos os povos,
sua glória ultrapassa os céus.

Quem se compara ao Senhor?
Quem é grande em poder, como Ele?

Quem olha os humildes, com carinho,
e do nada faz sugir a vida?

O Senhor levanta do pó o indigente,
e tira o pobre do monturo.

Ele o faz sentar entre príncipes,
junto aos grandes de seu povo.

Da mulher estéril faz a mãe feliz,
cuidando em sua casa de seus filhos.

Louvai, ó servos, o Senhor,
louvai o Nome do Senhor.

Ao Pai confio minha dor,
o Filho eu quero seguir;
ao Espírito todo louvor,
à Trindade vou-me unir.

Encontro com a cruz

Qual estilete a cruz penetrou
a essência da minha alma.
Um brado de angústia ecoou,
depois me sobreveio a calma.

Ao amor o Espírito me abriu,
e da depressão me afastou.
Veio a confiança que me sorriu,
e de mim próprio me libertou.

Com bravura me fez caminhar,
e na fé o meu ser reviveu.
Diferente vejo o nosso lidar,
na certeza de que renasceu.

A cruz se fez leal amigo,
na reconciliação e boa luz.
Em Deus coloco meu abrigo;
à plenitude ele me conduz.

Aos outros posso-me ligar,
e nada para mim vou reter.
Ao Senhor eu quero louvar,
e em suave paz agradecer.

Ó gratuidade na abundância
de beleza e grande ternura;
inunda-me vossa fragrância
tocando minh'alma com doçura.

Os sentidos se enriqueceram,
e para o Além me fazem alçar.
Nuances sublimes apareceram:
com beleza me vêm arrebatar.

Transcendo o que é limitado,
confiante me agarro a Deus;
logo vejo tudo tão ampliado
e sinto a alegria dos Céus!

Com carinho abro o coração
a todos que se aproximam:
envolvo-os no amor-doação,
até mais do que imaginam.

Saúdo a vida, bendigo a dor:
louvo o pequeno e o sofrido,
pois tão bem sei deste amor
que o pobre faz enriquecido.

Agora sei na paz do Senhor:
Deus é mais, é muito mais!
No jogo da vida com sua dor
em glória transforma os ais.

Bendigo muito nosso Salvador
pela cruz me conduz à Vida.
Ao Espírito este meu louvor;
ele suaviza a dureza da lida.

Superação

Realmente a atitude de fé, em ritmo de confiança, opera maravilhas na existência humana. De imediato não muda as circunstâncias da vida, porém instila nas juntas dos sentimentos grande suavidade.

Conseqüentemente,a pessoa não vincula seu valor ao que faz ou passa, nem avalia uma presente situação pelo conjunto de fatos que se lhe impõem. Imersa na realidade, também a transcende.

Ela navega no sopro do Espírito que a faz tocar dimensões outras, muito além do aqui e agora; passa a enxergar o lado de dentro de tudo que experimenta e vislumbra algo diferente.

Percebe estar a serviço de um propósito maior, cuja luz a inunda e cuja força a atrai colocando-a numa flutuação que abarca o dia-a-dia e, ao mesmo tempo, a insere no definitivo que lhe sorri.

Consegue firmar os passos até no chão movediço de contrariedades e sofrimentos; dá volta por cima, pois sente-se tocada por um amor que se faz lenitivo na dor e entusiasmo em meio a desafios.

Às vezes, ela mesma não entende como podem fluir no seu íntimo forças tão gratuitas que a elevam muito acima de si e a transformam em luz para quem busca, em coragem para quem está amedrontado.

Mistério bonito: Deus gosta de acontecer na pessoa que nele crê; ou seja, que se abre às nisteriosas dimensões da vida, ao ir e vir dos fatos; ao rir e chorar, ao buscar e encontrar pessoas.

E eis que ela se reconhece carregada nas asas do amor que dinamiza seu viver na construção de relações que enchem a medida do coração, enquanto sua própria cruz serve à ressurreição de tantos.

(Leitura meditativa do Salmo)

O SENHOR ME OLHA!
(Salmo 24)

Senhor Deus, minha alma vos procura,
abre-se para vós o meu coração.

Na vossa presença sinto-me seguro,
não serei decepcionado.

Se perseverar na fiel amizade,
não terei de que envergonhar-me.

Ensinai-me vossos caminhos, Senhor,
e não me percais de vista.

Que meus passos não se afastem nunca
da verdade e do bem,

tanto mais que somente em vós espero,
cada dia de novo, Senhor.

Para mim, a vossa misericórdia
é eterna e sem limites.

Porque sois a suprema bondade,
nem lembrais minhas culpas.

O Senhor é amável e grande,
reconduz a seu rumo os extraviados;

orienta os pobres e oprimidos
no uso de seus direitos.

Tudo nele transpira graça e misericórdia;
é conhecido por seu amor fiel,

para os que buscam o bem
e vivem a fratenidade.

Eu vos rogo, ó meu Deus e meu Senhor:
perdoai minhas faltas;

e dai-me a graça de permanecer
fiel em vossos caminhos.

Neste mundo terei a minha casa
e espero ser feliz;

tendo acesso à vossa intimidade,
dar-me-eis sabedoria.

Fixo os olhos no Senhor e penso:
não hei de tropeçar.

Ele me olhará na hora da dor
e terá piedade de mim.

Quando abatido numa angústia imensa
e aflito no sofrer,

ele me dará o seu alívio,
não levando em conta meus erros.

Sempre estou rodeado de perigos,
e não faltam ameaças,

minha vida anda exposta qual pássaro
a tantas fragilidades.

Defendei-me, Senhor, e libertai-me,
deposito em vós minha confiança.

Assim me conduzirei em vossos roteiros,
serei íntegro e leal;

nos caminhos retos encontrarei
a alegria do meu viver.

Já não seremos tristes prisioneiros
de pecados e angústias,

porque o Senhor virá
para libertar seu povo.

Ao Pai confio minha dor,
o Filho eu quero seguir;
ao Espírito todo o louvor,
à Trindade vou-me unir.

Enfermidade = bênção

O amor é uma ondulação afetiva que liga distâncias na proximidade do abraço; é uma luminosidade que faz penetrar na íntima essência revelando outros ângulos que estavam ocultos na sombra.

É uma harmonia que interliga sons na cadência de um ritmo que congrega o disperso numa unidade; é um paladar que identifica sabores e os transforma em tempero que faz estremecer o coração.

A doença pode ser um embrulho feioso, mas contém a graça que pede passagem para apontar o caminho a ulterior integração. É na sua fragilidade que ela proporciona elevada experiência de Deus.

Faz ultrapassar as fronteiras do eu e imerge no mistério do próprio ser, onde acontece o encontro com Aquele que carrega nosso destino em suas mãos. Só ele é o Senhor de nossa vida.

Cabem na abertura de uma concha todos os seres criados; e sintonizados em Deus, pedem hospedagem no íntimo de nossa alma. Somos o universo em forma de gente para sermos a voz de louvor e gratidão.

Em dores somos educados para abandonar tantos mecanismos suspeitos, tornando-nos simples oferta para as mãos do grande Artista que, burilando, nos liberta de nós mesmos e nos transforma em si.

Descortina-se imensa passagem onde, em rica diversidade de seres, fatos e situações, experimentamos a união de todos em torno de Deus. Tornam-se tão claros nossos desvios na humana pequenez.

Apodera-se de nós um encantamento e, fragilizados na dor, nos transportamos a alturas, antes nunca alcançadas. Alguém maior que nós, em nós e por nós, em nome e a favor de todos, irrompe em oração.

(Leitura meditativa do Salmo)

GUIADO POR DEUS
(Salmo 15)

Acolhei-me, Senhor, meu Deus,
sois meu refúgio e segurança.

Eu proclamo sempre de novo:
Sois o Senhor da minha vida!

Sem vós, Senhor, nada posso,
fora de vós nada encontro.

Laços de ternura ligam-me
aos que servem a Deus.

Infelizes são aqueles
que aderem a deuses falsos:

inseguro é o seu caminho,
sem futuro, o seu viver.

Coloco nas mãos de Deus
os dias da minha vida;

e ele mesmo se faz
a minha herança e alegria.

Bendigo sempre o Senhor,
seus conselhos me orientam;

e mesmo de noite ele é
a luz do meu coração.

Eu o conservo ante meus olhos,
sinto-me firme em sua presença.

Ele guia os meus passos,
dá rumo ao meu ir e vir.

Cheio de grande alegria
eu canto um hino ao Senhor.

Satisfeito, rendo a ele
meu louvor e gratidão.

Até no corpo sinto mais saúde,
para poder, tranqüilo, descansar.

Deus é que faz mais suave
meu existir e lidar.

A morte não temo, a vida não perco.
Deus é meu amparo, é meu defensor.

Ao Pai confio minha dor,
o Filho eu quero seguir;
ao Espírito todo o louvor,
à Trindade vou-me unir.

DADIVOSIDADE

Se Jesus tanto falou de Deus como Pai, certamente foi para deixar claro que acima de nós há um poder de amor que liberta do medo, integra na unidade e nos atrai para a dimensão do infinito.

E não vale isso muito mais, não é isso muito mais real e importante do que aquilo que nós sentimos como realidade? Essa nossa realidade cotidiana tão manchada de pecado e poder!

A exemplo do moço rico, muitos se fixam na vivência e aplicação de regras morais, como se ali estivesse a chave da vida e da felicidade, como se isso fosse a mais pura essência do Evangelho.

O que Deus sonha, nós somos incapazes de fazer. Ao nos confiar a seus cuidados, queremos fazer-nos disponíveis, entrando numa disposição nova onde teremos um novo modo de olhar e de ser.

A pastoral do dever sempre consistiu em ser fiel à teologia rabínica, visando formar pessoas obedientes, respeitadoras de verdades, tradições, disciplinas e normas. Mas isso pouco renova.

As graves e insistentes advertências de Jesus contra a miopia dos doutores da lei são motivo suficiente para que não abdiquemos do bom senso, caindo numa postura excludente e monologante.

Há um milagre em nós e a nosso redor, cada dia de novo, onde se nultiplica e comunica a gratuidade de tantos dons, a partir de um Deus que se inclina sobre sua Criação em gestos tão carinhosos.

Só nos resta louvar e bendizer, a fim de que essa riqueza não se desperdice; por nós reconhecida e assumida, nos conduzirá a um novo modo de orar e lidar, de agir e relacionar. Seremos graça!

(Leitura meditativa do Salmo)

Gratidão
(Salmo 146)

Louvai o Senhor Deus, ele bem o merece;
a nossa gratidão lhe é muito agradável.

Ele nos congrega na comunidade,
e de todos os cantos nos reúne.

O Senhor dá alívio aos que sofrem,
e o perdão aos que se arrependem.

O Senhor bem conhece as estrelas:
a cada uma dá o nome que merece.

Grande é o Senhor, imenso no poder;
sua sabedoria ninguém pode medir.

Deus se inclina sobre os humildes,
mas aos pervesos faz cair no chão.

Cantem, portanto, hinos ao Senhor,
toquem músicas em sua homenagem.

De nuvens, ele veste o firmamento,
e faz cair a chuva sobre a terra.

Nos morros faz crescer a verde relva,
frutos e plantas ao sustento do homem.

Providencia forragem ao gado,
e alimento aos pássaros que o chamam.

Ao Senhor não agrada a força das armas,
nem os músculos fortes dos guerreiros.

Agradam ao Senhor os que o temem;
misericórdia para os que nele confiam.

Ao Pai confio minha dor,
o Filho eu quero seguir;
ao Espírito todo o louvor,
à Trindade vou-me unir.

Na serenidade da fé

Reverenciar o Nome do Senhor é próprio dos que tomaram consciência de sua pertença ao Povo de Deus. Nesta condição se reconhecem herdeiros de bens eternos, alvo de um amor de gratuidade.

São portadores de um tipo de riquezas que inserem o Infinito nas limitações desta vida, o Eterno na fugacidade do tempo, onde o próprio Deus se faz parceiro fiel numa Aliança com os homens.

Nada poderá separá-los desse amor de Deus; portanto, eles não precisam viver aflitos e muito menos viver uma religiosidade cheia de tensões, e num clima de esperteza ou angústia comercial.

Deus se encontra do lado deles, Jesus é o companheiro em seus caminhos; e a sua vida, com alegrias e dores, está a serviço de uma causa muito bonita, em prol de toda a humanidade.

Deus, pois, o Pai de Nosso Senhor Jesus Cristo, fonte de misericórdia e bondade sem fim, é um Deus libertador que realiza prodígios no mais íntimo dos corações que nele confiam.

Mesmo que passem por tribulações carregando pesada cruz, sentem o peso da graça que faz enxergar alguma dádiva até no bojo de experiências sofridas. "Tudo concorre para o bem dos que amam"!

Livres, não querem escravizar-se em relações de dependência frente à saúde ou doença, posses e situações; nem mesmo frente a Deus e pessoas amigas. De ninguém e nada precisam fazer ídolos!

Vislumbram outros horizontes, para onde se dirigem nas asas de uma fé confiante. Encontram-se nas mãos de Deus, nada temem e se dispõem, cada dia de novo, a reiniciar a caminhada sob a luz do Sol.

(Leitura meditativa do Salmo)

Nosso Deus libertador
(Salmo 135)

Louvai o nosso Deus,
porque ele é bom.

Louvai o Deus dos deuses:
sua misericórdia não tem fim.

Louvai o Senhor dos senhores,
porque é infinito o seu amor.

Só ele faz maravilhas:
sua misericórdia não tem fim.

Com sabedoria criou os céus,
porque é infinito o seu amor.

Firmou a terra sobre as águas,
sua misericórdia não tem fim.

Fez o sol e a lua,
porque é infinito o seu amor.

O sol para governar o dia:
sua misericórdia não tem fim.

Lua e estrelas para a noite,
porque é infinito o seu amor.

Ele abalou a resistência dos egípcios:
sua misericórdia não tem fim.

Do meio deles arrebatou Israel,
porque é infinito o seu amor.

Isso ele fez com braço forte:
sua misericórdia não tem fim.

Dividiu o mar vermelho,
porque é infinito o seu amor.

E fez o povo passar no meio:
sua misericórdia não tem fim.

Os batalhões do Faraó lançou nas águas,
porque é infinito o seu amor.

O povo ele conduziu pelo deserto:
sua misericórdia não tem fim.

Impôs a vitória sobre os reis,
porque é infinito o seu amor.

Por nós feriu o rei dos amorreus:
sua misericórdia não tem fim.

O mesmo fez com o rei de Basã,
porque é infinito o seu amor.

O povo tomou posse da terra:
sua misericórdia não tem fim.

Ele lembrou nossas humilhações,
porque é infinito o seu amor.

Dos inimigos ele nos libertou:
sua misericórdia não tem fim.

Dá alimento a homens e animais,
porque é infinito o seu amor.

Louvai o Senhor dos senhores:
sua misericórdia não tem fim.

Ao Pai confio minha dor,
o Filho eu quero seguir;
ao Espírito todo louvor,
à Trindade vou-me unir.

A VIDA

Até ontem, ó vida,
quis dominar-te;
sentir-me dono de ti,
para estar seguro de mim.

Cada vez de novo
me fugias sorrateira;
nem suspeitava
qual seria o segredo.

Por caminhos vários,
sofrido andei;
a novos expedientes,
cansado apelei.

Por mais que fizesse,
em clima de frustração,
nenhum progresso
eu pude alcançar.

Dúvidas inquietavam...
Na ciência está a solução?
Bens retidos e acumulados
poderão me ajudar?

Status, fama e riqueza,
ou poder e saúde
serão decisivas?
E nada enxergava!

Será que a vida
nunca poderei controlar?
Não pode ser objeto
de simples possessão?

Inquieto prosseguia
na vã tentativa.
Confuso,
irado, desanimei.

Na descrença,
em chão duro caí.
No tombo me feri,
em triste impotência.

A outros
resolvi abrir-me;
e atento, humilde,
avaliar a experiência.

Um novo aprendizado
passei a fazer.
Da ambição me distanciei,
o mistério fui observar.

Da graça
veio a inspiração:
"Solta as rédeas do poder
renuncia a todo domínio!"

Exercita-te
na receptividade;
na bela arte
da gratuita fruição!

Reconhece a vida
como dádiva máxima,
mesmo na leveza
de um simples toque!

Resolvi então
não querer possuí-la;
mas por ela ser banhado
em alegre gratidão.

Suave sentirei
o poder criador;
e longe da angústia,
virá paz ao coração.

Mais tempo
não hei de perder;
energia em vão
nunca mais gastarei.

Agora admiro a vida,
em solidária fruição;
confiante, a transformo
em renovadora canção!

O JEITO DE DEUS

Como é bonito o mistério de nosso Deus, o Pai de Nosso Senhor Jesus Cristo e o Pai de todos os pobres! Não é um Deus de indivíduos bem-com-a-vida; de classes sociais que manipulam o poder.

Ele não é Deus de religiões que julgam ter o monopólio da Salvação; um Deus de dogmas e moral, de tradições e normas que fecham as pessoas em relações de dependência, com medo e preconceitos.

Como é bonito nosso Deus! Ele não se fixou num trono muito acima ou até fora de nossa dura realidade. Ele não é um poder ameaçador que conserva a ordem do universo e fiscaliza o ser humano.

Nosso Deus é palavra que ecoa nos ouvidos dos pobres, é fogo que aquece o coração dos sofridos, é canto melodioso que tranqüiliza, eleva e transforma pessoas curvadas sob a cruz.

Deus é silêncio que murmura o imenso mistério que é a marca registrada de todo ser que chega ao mundo. Ele é, sobretudo, o amor que dialoga através de sua natureza, e se faz toque carinhoso de quem morre.

Mas ele é também questionamento para quem se fixa no egoísmo com menosprezo por todos que lhe parecem inferiores. É um grito que corta o silêncio maldoso dos que se cobrem com as trevas do mal.

Sim, bonito é nosso Deus, sempre do lado do povo que deseja viver unido por laços de fraternidade, em busca de justiça que gera a paz. Mistério de amor, ele se faz promessa e perdão para nós.

Tão grande é Deus, que sempre permanece no anonimato, onde não violenta ninguém e se faz pura gratuidade. Ninguém há de possuí-lo, e todos podem deixar tocar-se por ele. E manter-se-ão de pé!

(Leitura meditativa do Salmo)

CONFIAR NO SENHOR
(Salmo 19)

Atribulado estás, e aflito
passas por grandes provações?

Procura abrigo e proteção
no Senhor nosso Deus.

Ele habita no meio do povo
e certamente te sustentará.

Ele acolhe o teu sofrer
e aceita o teu sacrifício.

Revela-lhe cheio de confiança
o que se passa no teu coração.

E confia na mão poderosa
que sem dúvida vem te acalmar.

E contigo nos alegraremos,
agradecendo juntos ao Senhor.

Deus vela sobre o seu povo
com afetuoso carinho.

Seu poder é para todos
que sofrem e nele confiam.

Não colocamos nossa confiança
nas coisas transitórias deste mundo,

mas no Nome do Senhor;
só ele nos pode salvar.

Muitos julgaram-se grandes,
porém foram vencidos.

Fraquejaram no encontro
com as limitações da vida.

Nós confiamos e rezamos,
ao Senhor nos entregamos.

Havemos de ficar de pé,
Deus nos dará a vitória.

Ao Pai confio minha dor,
o Filho eu quero seguir;
ao Espírito todo louvor,
à Trindade vou-me unir.

Espezinhado

Como é grande o sofrimento de nosso povo! Luta e não consegue; espera e não alcança; confia e colhe mais uma desilusão. E o tempo passa, mas nada acontece que lhe garanta dias melhores.

Portador de alguma ignorância, vítima de tão grande insensibilidade e objeto da mais refinada exploração, o pobre reproduz bem o grito, quase protesto, de Jesus: "Pai, por que me abandonastes?"

A miséria tanto o esgota e humilha que nem lhe é permitido construir relações duradouras, na família e no trabalho. Negam-lhe o direito de cidadania, como se nada representasse e valesse.

Só serve para ser usado como os antigos escravos no Egito, e ainda debaixo de tantos maus-tratos. Resta-lhe, então, indefeso, cair vítima de uma propaganda imoral que o acorrenta sem piedade.

O consumismo lhe enche o vazio existencial com bens fictícios e dívidas que não consegue saldar; a religião, macabramente, o expõe vulnerável aos caprichos de demônios que o enchem de medo.

Onde fica a sua liberdade de pensar e agir? Há outros, escondidos atrás de frios sistemas, que o avaliam e normatizam sua existência. E eis que ele não passa de um número neste cruel exílio.

Cristo na cruz, solidário com todos os que sofrem, se fez grito de protesto contra toda sujeição que desrespeita, no outro, o irmão. Grito de amor, sua cruz garante que Deus está comprometido conosco.

O que vale mesmo – o único que vai transpor as fronteiras do tempo – é existir para o outro, olhá-lo no rosto, aceitá-lo e oferecer-lhe a si mesmo. Tudo nos será tirado; restarão os frutos do amor.

(Leitura meditativa do Salmo)

Abandono
(Salmo 21)

Meu Deus, meu Deus!...
Por que me abandonastes?

Clamo de dia, e à noite imploro;
e não me atendeis, Senhor?

Mas sois o nosso Deus
e como Salvador vos conhecemos!

Nossos pais em vós confiaram
e não foram confundidos.

Clamaram a vós confiantes,
foram atendidos e libertos,

Sou um verme, objeto de desprezo;
não cessam de zombar de mim.

Ironizam: "Esperou em Deus...
Que o salve agora, se o ama!"

Por vosso poder fui concebido,
e nasci sob a vossa bênção.

Sozinho agora e sem amparo
sofro esta tribulação.

Já não domino os sentimentos,
os ossos estão doloridos.

A língua emudeceu, triste,
e o coração, conturbado.

Sinto em mim as garras da morte,
elas estão me corroendo.

Com maldade já comentam
o meu desfecho final.

É como se planejassem
a partilha de meus bens.

Esses meus falsos amigos,
malta de cães impiedosos!

Mas em vós, Senhor, eu confio,
sois meu auxílio e libertação.

Vinde, pois, em meu socorro,
livrai-me dessa desgraça.

E anunciarei vosso Nome
no meio da comunidade.

Convidarei todos a louvar
o Deus que ampara o infeliz.

Senhor, nem posso acreditar
nesse jubiloso dia!

Os famintos serão saciados,
os pobres, valorizados.

Todos os povos, convertidos,
proclamarão ante o Senhor:

"Só a Deus pertence o poder,
suprema soberania!"

Ao Pai confio minha dor,
o Filho eu quero seguir;
ao Espírito todo louvor,
à Trindade vou-me unir.

Viagem que compensa

Pela lei da encarnação Deus está intimamente ligado a tudo que constitui a realidade de nossa vida. É ali dentro, e em vista de sua progressiva transformação, que ele se comunica às pessoas.

Na experiência do encontro com Deus não podemos nos evadir de nossa experiência cotidiana. É tão sedutor enquadrar Deus em nossos esquemas e querer servi-lo satisfazendo nossas paixões.

Temos de estar muito atentos para não ficarmos debruçados sobre nós mesmos imaginando estarmos unidos a Deus. A própria oração pode tornar-se facilmente um exercício de auto-erotismo espiritual.

Somos convidados a nos exilar de nós mesmos, de nossos míopes desejos e frágeis veleidades, de nossas grandes virtudes e pequenos pecados. É preciso limpar a casa para receber o Hóspede!

Como gostaríamos de escapar à realidade escandalosa da cruz e à exigência da conversão onde, longe de toda fuga, temos de mergulhar fundo na realidade a ser transformada pelo poder do Espírito.

Mas ao dispormo-nos, no despojamento, à luta draconiana fazendo a viagem para dentro de nós mesmos e familiarizando-nos com a grande limitação humana, será bonito o fruto, grande a recompensa.

Disponíveis, andaremos por caminhos variados, e sendo mais conduzidos do que atores da caminhada. Mais do que avançar, faremos o caminho de volta, como o pequeno riacho a desembocar no oceano.

Já antecipadamente, em meio à vida, vamos sentir a alegria de quem não trabalha nem sofre em vão. A canseira sentida serve de terra a abrigar a semente que será fecunda. Sentimos vontade de cantar.

(Leitura meditativa do Salmo)

Reconduzido
(Salmo 125)

Retornar do cativeiro
parecia mais que um sonho.

Foi Deus que nos trouxe de volta,
e não cabia em nós tanta alegria.

Cantamos até a voz enrouquecer,
e dançamos até perder as forças.

De todo canto se ouvia:
"Como Deus os abençoou!"

O Senhor foi maravilhoso,
é imensa a nossa alegria!

Terminou o nosso exílio,
o Senhor nos reconciliou.

Ele nos reconduziu,
assim como a chuva da água:

escorre, desaparece,
e depois encontra o rio.

Na peleja da vida há canseira,
ao lançar na seara a semente.

Mas uma hora virá a recompensa,
e retorna também a alegria.

É a hora final da colheita:
a cantar, carregamos o trigo.

Ao Pai confio minha dor,
o Filho eu quero seguir;
ao Espírito todo louvor,
à Trindade vou-me unir.

À LUZ DA RESSURREIÇÃO

Senhor ressuscitado,
és a suprema realização
do mais insistente sonho
do coração humano:
sentir a vida borbulhando
em todas as fibras,
sem nenhuma ameaça
de destruição e perda.

Tua conquista, Senhor,
é minha mais bela herança.
Seja também, desde já,
minha maior riqueza.

Seja eu, pois, tocado
pelo poder da ressurreição:
na experiência do dia-a-dia,
nos eventos de dor e alegria,
pela Mensagem do Evangelho,
nos encontros fraternos,
no trabalho e lazer,
e pela participação
nos Sacramentos.

Assim ressuscitado, aprenda eu
a captar a presença do Céu
nas coisas da terra;
sinta eu teu Amor
no jeito das pessoas;
esteja ancorado no Eterno
inserido no temporal;
sintonizado com o infinito
escondido no limitado;
e carregado do Divino
irrompido no humano.

Mais e mais me sentirei
libertado por dentro,
e em maior comunicação
com tudo e todos;
capaz de repartir posses
e o próprio coração.

Serei instrumento da Vida
de tua Presença Amiga,
de teu Perdão sem Fim,
de teu Amor que renova.
E levarei outros comigo,
na alegria da esperança,
para beber da Fonte
de teu coração.

Assim seja!

Conscientizado

Limitados que somos e frágeis sob todos os aspectos, físico, psíquico, moral e espiritual, na vida individual e social, elaboramos mecanismos de desefa para lidar com esta nossa condição.

Infelizmente, não raro se trata de um lidar neurótico, desajustado quanto ao objetivo que desejamos alcançar. E fazemos de conta que somos equilibrados, fortes e felizes.

Em vez de vivermos de modo sadio e profundo, onde o crescimento é a suprema lei e a criatividade o sintoma por excelência da capacidade de amar, perdemo-nos num jogo de defesa ou ataque.

Mostramo-nos artistas em fabricar correntes para nos amarrar em nosso íntimo; e daí facilmente caímos vítimas dessas estruturas opressoras que geram preconceitos e toda espécie de dependência.

Como é bom entrar num processo de conscientização e conversão onde nos dispomos a assumir a própria debilidade; sem rodeios e mentiras, imprimindo um clima de transparência ao nosso ir e vir.

Já não precisamos dar a impressão de ser diferentes, nem faz sentido envergonharmo-nos de limi-

tações e fragilidades. Pelo contrário, sentimo-nos mais próximo dos outros e mostramos tolerância.

Já não existe em nós a necessidade de nos julgar superiores nem enxergamos nos outros uma ameaça. Deixamos de projetar desejos e problemas nossos em pessoas que nada têm a ver com isso.

E Deus pára de ser objeto preferido para nossas queixas. Imensa graça: numa nova abertura diante da vida e dos outros, experimentamos Deus como aquele que nos liberta e confirma. E cantamos.

(Leitura meditativa do Salmo)

Agradecer
(Salmo 29)

Quero agradecer o Senhor
num belo canto de louvor.

Libertastes-me, ó Deus,
e escapei da ruína.

Clamei por vós, Senhor,
e fui logo atendido.

É como se, condenado,
eu me libertasse da morte.

Amigos, cantai comigo
a glória do Senhor.

Quando nossas culpas o irritam,
é só por uns momentos;

mas sua benevolência
cobre toda a nossa vida.

À tarde impõe-se o pranto?
De manhã volta a alegria!

Muito seguro de mim,
eu refletia em silêncio:

Tudo me vai muito bem,
nada há que possa transtornar-me.

Favorecido por Deus,
saboreava vitória.

Mas, quando escondestes vossa face,
minha alma conheceu extrema angústia.

Apelei ao Senhor,
implorando sua misericórdia:

"Que vale o meu infortúnio?
Nele não posso louvar-vos.

Ao perder a vida, volto ao pó,
e já não posso mais servir-vos.

Senhor, ouvi-me e socorrei-me,
tende piedade de mim".

De fato, enxugastes meu pranto
e retornei à alegria.

Em vez de sentir abatimento,
agora estou em clima de festa.

Aquela imensa tristeza
transformou-se em gratidão.

Senhor, meu Deus,
vos bendirei eternamente!

Ao Pai confio minha dor,
o Filho eu quero seguir;
ao Espírito todo louvor,
à Trindade vou-me unir.

Pacificado

Faze-te atento,
bem sensível
à suave melodia
da Criação.

Conserva-te
em admiração!

Ausculta reverente,
a tua essência,
voz do universo.

Acolhe, humilde,
o Infinito,
e viaja no sonho
do Criador.

Sentirás o perdão,
vencerás o medo;
e ressuscitarás.

Inserido assim
na harmonia
do Deus Salvador,
viverás longe
da dispersão.

Com novos olhos
verás o agitar-se
dos pobres mortais.

Enamorado
do Desconhecido,
nele te conhecerás
íntima parcela
de tudo e todos.

Tu mesmo, milagre,
concha aberta,
tocado, cada dia,
por mil bênçãos.

Esquecido de ti,
poderás ser,
progressivamente,
senhor do mundo:
dançarino
do Eterno!

Confirmado

Há coisa melhor do que ser acolhido, sentir respeito e se deixar confirmar por uma boa amizade? Basta imaginar o oposto: ser ignorado, experimentar frieza ou receber hostilidade e exclusão.

Se não há nada que mais doa do que um gesto de rejeição, o fato de ser incluído e participar da convivência em clima de um trato amoroso, sem dúvida, é refrigério para o coração sofrido.

Não há força que mais vá ao encontro da pessoa humana e que mais fortaleça seu ânimo do que a fé como atitude confiante e transformadora. A fé se faz berço dos gestos mais nobres.

Por este vínculo de pertença conseguimos exorcizar toda ameaça de desânimo; firmes, esperamos apesar de tudo e permitimos que a vida seja mais que o dia de hoje, com seus contratempos e ameaças.

É pena que tão facilmente dificultemos que o Cristianismo seja religião na gratuidade, convivência em universal confraternização, escola de puro serviço, e festa das mais ricas dádivas.

Nada dessa "cãibra para dentro" que, no medo, trava o desdobramento alegre de nossa inesgotável energia que jorra do coração do Pai. Por que tanta mesquinhez com imposições, exigências e ameaças?

É para a liberdade de filhos que Cristo veio nos convidar. "Não tenham medo, estou com vocês em todos os dias de sua vida". "Fui eu que chamei a vocês, e lhes dou o perdão, com paz e alegria".

Ah, como a fé singela abre portas, rasga horizontes, revela novas dimensões e confere um colorido novo ao firmamento que cobre nossa existência! Por que temer, se Deus se faz nosso defensor?

(Leitura meditativa do Salmo)

O BOM PASTOR
(Salmo 22)

O Senhor é meu Pastor,
nada me pode faltar.

Conduz-me a águas refrescantes,
em prados verdes faz-me descansar.

O Senhor restaura minhas forças,
leva-me por caminhos seguros.

Com ele posso contar sempre,
pois é fiel ao seu amor.

Ainda que passe por escuros vales,
o medo não vai me deter.

O Senhor está comigo,
a seu lado me sinto seguro.

Em contratempos ou hostilidades,
ele me convida à sua mesa.

Sou muito privilegiado
por sua grande delicadeza.

Tratai-me com deferência,
sois minha herança, Senhor.

A cada dia, a cada instante,
vosso amor me acompanha.

Enquanto vou pelos caminhos,
graça e misericórdia me seguem.

Retorno sempre à presença do Senhor,
todos os dias da minha vida.

Ao Pai confio minha dor,
o Filho eu quero seguir;
ao Espírito todo louvor,
à Trindade vou-me unir.

Gratuidade

Os que, além de crerem em Deus, vivem bem a fé em todas as dobras da sua existência e nos meandros da convivência, deixam cativar-se pela imensa gratuidade que abarca todos, sem distinção.

Livram-se da tentação da segurança, deixam de ser prisioneiros do medo e podem dar-se ao luxo de reagir em tudo com liberdade agradecendo àquele cuja providência confirma nossa previdência.

Na alegria espontânea de sua fé sabem que Deus não precisa ser defendido nem desagravado, pois no amor ele não se vinga nem castiga; só pede que o sirvamos em todos que de nós precisarem.

Um pouco graças a nós, e muito apesar de nós, Deus derrama bênçãos sobre o mundo todo que plenamente lhe pertence. O diferente, portanto, não é algo dissonante ou hostil, mas ligar de graça.

O essencial da vida ninguém descobre sem a ajuda dos olhos alheios. Erro grosseiro seria querer valorizar tanto as ondas que parecem ameaçar-nos e as tempestades que nos podem amedrontar.

Afinal, quem nos há de dirigir não são as realidades angustiantes, mas a presença amiga de Jesus que nos levará, passo a passo, dentro do ritmo de cada um, até a outra margem.

Afinal, que somos nós senão uma frágil hastezinha de capim? É na fragilidade que eclode o poder autêntico, é na pobreza lunar deste mundo que Deus fincou a bandeira da eterna e total reconciliação.

Envolvidos no amor divino, podemos respirar fundo e, serenos, enfrentar a batalha da vida, confiando que até uma doença ou um contratempo estejam a serviço de algo muito nobre e gratificante.

(Leitura meditativa do Salmo)

DEVO AO SENHOR
(Salmo 102)

Bendize, ó minha alma, ao Senhor,
com tudo o que há em mim.

Louva, ó minha alma, ao Senhor,
muito atento às suas dádivas.

Ele perdoa as tuas faltas
e restaura as tuas fraquezas.

O Senhor te salva da desgraça
e te envolve na misericórdia.

Ele atende a teus mais puros desejos,
dá vigor de águia à tua juventude.

Sua misericórdia é para todos,
defende o direito dos injustiçados.

Revelou seus caminhos a Moisés,
fez conhecer sua vontade ao povo.

O Senhor é misericordioso
e bondoso demais.

Lento para encolerizar-se,
depressa cobre as faltas com perdão.

Não trata conforme as nossas faltas,
nem castiga segundo nossos crimes.

Como dista da terra o firmamento,
sem fronteiras é sua misericórdia.

Como dista o Oriente do Ocidente,
ele afasta para longe nossas culpas.

Como um pai se apieda dos seus filhos,
assim ele trata os que o temem.

Ele conhece a nossa condição,
sabe que apenas somos frágil pó.

Igual ao feno são os dias do homem,
qual uma flor do campo ele floresce:

basta soprar o vento, e lá se vai;
e ninguém mais se lembra onde ela estava.

Misericórdia eterna a do Senhor,
que para sempre envolve os que o temem.

Sua justiça atravessa as gerações,
para os que observam os Mandamentos.

Nas alturas do Céu tem o Senhor morada,
o seu poder se impõe a todos.

Bendizei o Senhor, anjos de Deus,
grandes executores de sua Palavra.

Vós todos sempre atentos às suas ordens,
bendizei o Senhor nosso Deus.

Todas as suas obras, bendizei-o,
e servos que fazeis sua vontade.

Criaturas todas, bendizei-o,
em qualquer canto deste mundo!

Também hei de bendizer o Senhor,
para sempre ele é meu Salvador.

Ao Pai confio minha dor,
o Filho eu quero seguir;
ao Espírito todo o louvor,
à Trindade vou-me unir.

Solidariedade

Elifaz, amigo de Jó, numa das suas visitas, lhe disse: "Eis que você deu bons conselhos a muitos e restituiu o vigor aos fracos" (Jó 4,3). Mudou a cena, Jó precisa de conselho e apoio amigo.

Ao experimentar a doença na própria carne, ele se vê numa situação empobrecida e ameaçadora. Quando tudo lhe ia bem, isso parecia a coisa mais normal; na escala da lógica, simples merecimento.

Mas, agora, nesse mar de sofrimento, isso o agride em sua capacidade de fruir e de ser feliz; tanto mais que se julgava amigo virtuoso de Deus. O sofrimento, algo escandaloso, não faz sentido.

Agarrado à fé, Jó respeita o mistério de Deus, desarma-se diante da vida e permite ser conduzido a patamares mais elevados. Ao olhar por uma outra janela, muda sua visão da realidade.

Sua fé testada, mostra-se prenhe de coragem, capaz de vencer a amargura do sofrimento, dispondo-o serenamente a libertar a dor de sua força opressora, para que aprenda a acolher uma nova paz.

O roteiro seguido pode ser sintetizado nesta dinâmica: o primeiro passo é o do silêncio, com decep-

ção, tristeza, isolamento e impotência; o segundo é o da reação de verbalizar a dor.

Dessa maneira, começa a relativizá-la na comunicação com pessoas amigas; o terceiro consiste em superar, na solidariedade, o próprio sofrimento, colocando-o a serviço da vida e da convivência.

Assim, envereda por caminhos que o libertam da angústia que aliena e o tornam livre de si. Deixa conduzir-se por aquele que está conosco em todos os dias e garante levar-nos à outra margem.

(Leitura meditativa do Salmo)

O BEM QUE VENCE
(Salmo 91)

É bom louvor o Senhor,
cantar salmos ao Altíssimo.

Proclamar de manhã a misericórdia
e à noite lembrar seu amor fiel.

Com a harpa de dez cordas e a lira,
com cânticos ao som da cítara.

Pois vós, Senhor, nos alegrais
com as obras de vossas mãos.

Como nos deixais admirados.
São profundos vossos desígnios!

O insensato não compreende o vosso rumo,
o ignorante nada sente e percebe.

Multiplicam-se os ímpios como relva?
Os malvados colhem grandes vitórias?

Seu destino é a eterna perdição.
Só vós sois grande para sempre.

Perecerão os vossos inimigos,
dispersos como artífices do mal.

Fortes nos fizestes como búfalo,
com a pureza da graça nos ungistes.

Preocupar-me com as obras dos perver-
sos?
Logo haverá notícia de sua derrota.

O justo florescerá como palmeira,
terá a dignidade de um cedro do Líbano.

Os que vivem na vossa presença,
produzirão frutos de amizade.

Até na velhice serão abençoados,
continuarão cheios de graça e vigor.

Anunciarão como é justo o Senhor.
Nele só há justiça: nosso Rochedo!

Ao Pai confio minha dor,
o Filho eu quero seguir;
ao Espírito todo louvor,
à Trindade vou-me unir.

Sofrido, porém firme

Às vezes, a vida parece gritar aos ouvidos de nossa alma: "Deus não está nem aí para você!" Sofremos, apanhamos; mas firmes na fé clamamos, buscando em Deus um lenitivo debaixo dessa cruz.

Como ele marca presença e atua em nós mediante a graça; como dirige os fatos com seu poder, isso nos parece um mistério indecifrável. Valoriza-nos o fato de que nós temos de ajudar Deus.

Sim, só um Deus ajudado pode imprimir rumo firme ao nosso existir. E quando assumimos esta missão, logo ele nos faz captar algum sinal de sua presença amorosa, um traço de seu rosto amigo.

Já não precisamos ser tão instáveis como um cata-vento; fragilizados pela vida, damos conta de uma firmeza que nos iguala a gigantes. Alegramo-nos com S. Paulo: "Na fraqueza sinto-me forte!"

Interiormente abrigamos um turbilhão de sentimentos opostos, mas o poder da fé inocula um misterioso lenitivo em nossa alma a ponto de novamente conseguirmos dirigir o barco da nossa vida.

Reconhecemos então que não somos só nós os artífices deste milagre: mão carinhosa nos tranqüiliza e conduz, nos conserva de pé e nos faz avançar em direção à vitória sobre nós mesmos.

Recusamos ficar debruçados só sobre nós mesmos; nosso núcleo se abre logo para fora de nós, apontando para os outros. E eis que, ao relativizar nosso problema, somos invadidos pela ternura.

Enxergamos um sofrimento maior em irmãos nossos e, solidários, dispomo-nos a partilhar com eles a riqueza da esperança, da fé e da presença amiga, em clima de oração. E prosseguimos na serenidade.

(Leitura meditativa do Salmo)

PROFISSÃO DE FÉ
(Salmo 3)

Cada dia, Senhor, se torna mais difícil
esta vida sofrida que levamos.

Há até quem diga a nosso respeito:
"Nem Deus vai poder ajudá-los!"

Mas vós sois o nosso protetor,
seguro apoio, salvação de todos.

Apenas vos invoco, atendeis logo,
mostrando-nos o vosso rosto amigo.

Por isto, em meio às tempestades,
não perco o rumo, estou em paz.

Quando me deito, logo adormeço;
e ao levantar-me sinto vossa força.

Mesmo cercado por tantos perigos,
o medo não me abate: estais comigo.

Quero contar sempre convosco,
haveis de transformar a minha dor.

E se os homens me fazem padecer,
usais a minha vida para o bem.

Ninguém pode medir-se convosco,
e vossa bênção vale mais que tudo!

Salvai o vosso povo, Senhor,
e para todos trazei a libertação.

Ao Pai confio minha dor,
o Filho eu quero seguir;
ao Espírito todo louvor,
à Trindade vou-me unir.

Roteiro de Vida

Pelo belo atraído,
e sedento de amor,
corro pelos caminhos
em busca do Senhor.

Não mais ser prisioneiro,
com tudo me inquietar;
se Deus é meu tesouro,
quero me superar.

Sensível ao Espírito,
dedicado à oração,
vou cumprir as tarefas,
dispor-me à união.

No vaivém dos contatos,
toques da experiência,
sinto apelos, promessas
de inovada vivência.

A luz do Salvador
em mim resplenderá;
sobre medos e sonhos
minh'alma se erguerá.

Chamas vivas se agitam,
e me vão burilar.
Livre dos empecilhos,
amor hei de provar.

Oração da manhã

(Salmo 138)

Senhor, penetrais no meu íntimo,
e bem a fundo me conheceis.

Fostes vós que me criastes,
e vosso poder me envolve.

Admirável é a vossa sabedoria!
Jamais poderei entendê-la.

Como distanciar-me de vós,
e subtrair-me ao vosso olhar, Senhor?

Se atinjo grandes alturas,
ali já vos encontrais.

Se desço a profundidades,
também ali esbarro em vós.

Vós me sondais, Senhor, até a alma;
desde o seio materno vos pertenço.

Eu vos louvo e agradeço, Senhor;
maravilhoso é o vosso proceder.

Ainda não tinha nascido,
e já me olháveis com amor;

ainda não vivia neste mundo,
e meus dias já estavam contados.

Grandiosos são vossos pensamentos,
e o vosso poder tudo ultrapassa.

Continuai a sondar meu coração
e perscrutai todos os meus caminhos.

Cuidai que em mim não haja falsidade,
e conduzi-me à Vida eterna.

Com Maria este dia ofereço
ao Pai com reconhecido louvor;
a Jesus a glória do Céu e da terra
e ao Espírito Santo de todos o amor.

Hino a Maria
(De manhã)

Morada eterna do Altíssimo,
inspiradora de todo o bem,
saúdo-vos neste dia:
sou irmão(ã) vosso(a) também.

Sede luz em minh'alma,
alento do caminhante!
Firmai-me na coragem,
dai rumo a este(a) errante.

Sentinela que vigiais
do dia a veloz jornada,
anunciais no horizonte
o lume da madrugada.

Senhora, mostrai vossa face,
salvai-me da escuridão.
E a imagem do Pai se estampe
no meu rosto de cristão.

A luz que na alma acendeis,
nunca em mim se apague;
e que o Pai, no fim do dia,
com a divina paz me afague.

À Trindade hei de cantar:
ao Pai e ao Filho, louvor,
na união com o Santo Espírito
com a alma plena de amor.

Oração da noite

(Salmo 8)

Senhor, nosso Deus, algo de vós percebemos nas belezas desta terra, e nos mistérios da vida.

Em tudo e todos se revela a vossa imensa grandeza! Na simplicidade das crianças, vosso poder e vossa glória.

Elas confundem e desarmam até os mais agressivos. Contemplando um céu estrelado, como me rejubilo, Senhor.

Que grandeza cobrindo o mistério, dessas noites de luar! Elas me reportam a vós, Criador de prodígios e assombros.

Então penso e me interrogo sobre a nossa importância. A que se deve que sempre estejamos na vossa lembrança,

sendo objeto de tanto carinho, vossa bondade sem fim? Nessa imensidão do universo nos confiais posição de Deus, tão sublime nossa importância, tão grande a nossa função.

Sim, vós fizestes de nós os responsáveis da Criação,

determinando o destino das coisas, para o seu bem.

Os rebanhos do campo, e animais da floresta, bravios;

os peixes do mar e dos rios, as aves voando nos ares;

os milagres da ciência e da cultura, tudo nos submetestes.

Ó Senhor, como é claro o sinal dessa vossa presença em tudo o que há no universo e que ocorre neste mundo!

COM MARIA ESTA NOITE VOU CONFIAR
AO PAI COM FILIAL LOUVOR;
A JESUS A GLÓRIA DOS QUE CRÊEM
E AO ESPÍRITO SANTO O MEU AMOR.

Hino a Maria
(De noite)

Chegou o fim do dia,
a noite à terra desce;
em união com Maria
a alma humana cresce.

Senhora, Mãe do Céu,
longe da desgraça
sonhos vãos se apaguem
à luz de vossa graça.

Ao vir o fim do dia,
eis-me preparado(a):
no mesmo amor unido(a),
da mesma graça ornada.

Este(a) vosso(a) filho(a)
de Cristo o(a) irmão(ã),
que tanto vos ama,
por ser cristão(ã).

Ó Rainha dos Santos,
guiai-me pela mão,
para que nesta noite
me venha a Salvação.

Feliz repousarei
do cansaço e da dor;
para amanhã viver
com renovado amor.

Rito da comunhão

MINISTRA(O) – Irmãs e Irmãos, a Deus pedimos que venha em nosso auxílio, com a sua bênção cheia de paz.

ENFERMA(O) (TODOS) – *Socorrei-nos, Senhor, e salvai-nos; sede para nós o Pão da Vida, sustento em nossa caminhada. Em nome do Pai e do Filho e do Espírito Santo. Amém*

MINISTRA(O) – Na Ceia da Confraternização, para todos uma Celebração de Amor, Jesus deixou-nos este Alimento que sustenta o nosso coração.

ENFERMA(O) (TODOS) – *Sede repouso em minh'alma, alento do caminhante,*
Abrandai o meu cansaço, dai rumo a este errante.

MINISTRA(O) – Com Maria oferecemos ao Pai o nosso louvor; toda a glória a Jesus Cristo e ao Santo Espírito o nosso amor.

Leitor: Mensagem de Jesus transmitida por S. João:

Jesus disse ao povo: "Em verdade, em verdade eu vos digo: Moisés não vos deu o Pão do Céu, mas o meu Pai é quem vos dá o verdadeiro Pão que desce do Céu e dá vida ao mundo". Disseram-lhe: "Senhor, dai-nos sempre deste Pão". Jesus respondeu: "Eu sou o Pão da vida: aquele que vem a mim não terá mais fome, e aquele que crê em mim jamais terá sede. Este é o Pão que desceu do Céu, para que não morra todo aquele que com ele se alimentar. Eu sou o Pão vivo que desci do Céu. Quem se alimentar deste Pão viverá eternamente".

(S. João 6,32-35.50-51a)

PALAVRA DA SALVAÇÃO!

(Breve reflexão)

(Opções para outras leituras: Fl 2,5-8; Mt 11,28-30; Rm 12,9-13: 1Cor 11,23-12,1-3; Lc 9,23-25; Mt 14,29-31; Jo 14,27-28; At 2,46-47; At 4,32-33; Hb10,36-39; 2Cor 9,6-8; Mt 7,24-25; Gl 4,4-8; Ap 21,1-4).

MINISTRA(O) – Irmã(ão), Jesus se fez pão na solidariedade conosco: ele mata nossa fome, sacia nosso coração, traz esperança, oferece o perdão, confraterniza na paz e nos traz novas energias. Bendito seja Deus!

ENFERMA(O) (TODOS) – *Vinde, Senhor Jesus, e tocai-nos com vosso amor.*

PAI NOSSO...

MINISTRA(O) – Eis o sinal do amor extremado de nosso Deus. Cumpra-se agora a promessa de Jesus: *"Quem se alimentar com este Pão viverá eternamente, em mim ficará e eu nele".*

Felizes de nós quando nos deixamos convidar à Ceia do Senhor! Eis o Cordeiro de Deus que tira o pecado do mundo.

ENFERMA(O) (TODOS) – *Senhor, pecador(a) que sou, peço: dizei uma só palavra e estarei purificada(o).*

MINISTRA(O) – Que este alimento celeste a(o) conduza pelos caminhos de Deus e a(o) conserve na paz de Cristo.

ENFERMA(O) – *Amém.*

(Momentos de silêncio)

MINISTRA(O) – "A minha alma glorifica o Senhor, alegro-me em Deus, meu Salvador: olhou a humildade de sua servidora, para sempre todos me chamarão bem-aventurada.

ENFERMA(O) (TODOS) – *O Todo-Poderoso fez em mim maravilhas, santo é o seu Nome! Seu amor se estende de geração em geração, sobre aqueles que o temem.*

MINISTRA(O) – Manifestou o poder de seu braço, e dispersou os soberbos. Derrubou os poderosos do seu trono e elevou os humildes.

ENFERMA(O) (TODOS) – *Aos famintos encheu de bens, aos ricos despediu de mãos vazias. Acolheu a Israel, seu povo servidor, sempre fiel à sua misericórdia.*

Isto ele prometera já a nossos pais, a Abraão e a seus descendentes para sempre".

AVE, MARIA...

MINISTRA(O) – Senhor, permanecei neste lar e habitem aqui vossos santos Anjos. Desça sobre nós todos a bênção de Deus e acompanhe-nos a sua divina paz. Em nome do Pai...

ENFERMA(O) (TODOS) – *Amém. A graça de Deus seja nossa herança.*

Bênção de residência

DIRIG.: Senhor Jesus, dissestes: "Ao serem acolhidos numa casa, digam esta saudação: PAZ A ESTA CASA!; e sobre seus moradores descerá a paz" (Mt 10,12). Cumpra-se esta vossa promessa.

TODOS – *Vossa paz, Senhor, seja nossa herança, e vossa bênção a riqueza desta família amiga. Isto pedimos em nome do Pai...*

DIRIG.: "Se não é o Senhor que protege a casa, pouco adianta o corre-corre dos que nela habitam" (Sl 126).

TODOS – *"Que vossos olhos, Senhor, estejam dia e noite guardando esta morada, / da qual dissestes: Ali eu residirei" (1Rs 9,29).*

DIRIG.: Vosso Espírito, Senhor, esteja em cada um dos que aqui habitam ou se encontram; sejam fortalecidos na fé e no amor da união, para que se doem no serviço fraterno.

FAMÍLIA: *A Vós, Senhor, devemos a força na caminhada e as luzes nos problemas; a esperança nos trabalhos e o conforto nas adversidades; a alegria no viver e a felicidade no conviver. E agora vos pedimos: por vós abençoados, sintamos aqui a vossa presença amiga e deixemo-nos conduzir por vossa sabedoria. Por Cristo na unidade do Espírito Santo. Amém.*

a – *Leitura da Mensagem de S. Paulo Apóstolo* (Gl 5):

"Irmãos, vocês foram chamados à liberdade. Por isto lhes digo: Deixem conduzir-se pelo Espírito, cujos frutos são amor, alegria, paz, paciência, benignidade, mansidão, fidelidade e autodomínio. Irmãos, se vivemos pelo Espírito, pelo Espírito orientemos também a nossa conduta. Palavra do Senhor.

b – *Anúncio do Santo Evangelho segundo S. Mateus* (Cap. 18):

Naquele tempo, os discípulos se aproximaram de Jesus e perguntaram: "Quem vai ocupar a posição de maior destaque no Reino dos Céus?", Jesus chamou para perto de si uma criança, colocou-a no meio deles e disse: "Em verdade lhes digo: Se não se transformarem, tornando-se semelhantes a uma criança (na simplicidade), não poderão participar das riquezas do Reino dos Céus. Todo aquele que se fizer pequeno como uma criança, esse será o mais importante no Reino dos Céus". Palavra da Salvação.

(Reflexão)

c – *Verdade a ser lembrada:*

A moradia tem uma função importante na vida das pessoas e no bem-estar da família. Nas condições favoráveis de morar nasce a oportunidade de estruturar-se a personalidade entre convivência, trabalho, descanso e celebração. Desta forma, nos colocamos em contato com o mais íntimo de nós mesmos e com o jeito de ser dos outros; com as limitações e possibilidades do passado e do presente, abrindo perspectivas ao futuro.

DIRIG.: Pai do Céu, lançai vosso olhar de bondade sobre todos aqui presentes: concedei-lhes vossa bênção para que tenham sempre um coração aberto e confiante, corajoso e disponível; e saibam dispor de seus bens na partilha fraterna.

TODOS – *Sintamos vossa presença amiga / em nosso ser e lidar, em nosso ir e vir; / guardai-nos de pecados e falsas seguranças; sobretudo, enriquecei-nos com os bens eternos. Possamos viver familiarizados convosco, que sois o princípio e o fim de nossas vidas.*

PAIS: *Quem estiver triste, receba de nós um motivo para sorrir; quem sentir-se hostilizado, receba de nós um gesto de amizade. Irradiemos confiança em nossas atitudes, serenidade nos sentimentos, ternura nos gestos e vossa paz em nosso coração.*

DIRIG.: "O SENHOR OS ABENÇOE E GUARDE. O SENHOR LHES MOSTRE SUA FACE, E LHES CONCEDA A SUA GRAÇA.
O SENHOR VOLVA SEU ROSTO PARA VOCÊS E LHES DÊ A PAZ!"

TODOS – *Pela intercessão da Sagrada Família / pedimos uma visão clara no vaivém dos fatos e das emoções. / Saibamos crescer em graça e sabedoria. Por esta intenção, rezemos:*

PAI NOSSO... AVE, MARIA...

DIRIG.: Irmãos, sob a bênção de nosso Deus, cresça entre vocês a união no amor; compartilhem dores e alegrias, e sejam gratos ao Senhor. Ele os defenda contra perigos e males, os conserve em sua paz e os faça crescer na capacidade de se relacionarem. Sejam instrumentos de sua graça, para a alegria de muitos e sua própria felicidade.
É O QUE PEDIMOS – EM NOME DO PAI E DO FILHO E DO ESPÍRITO SANTO, HOJE E SEMPRE. AMÉM.

TODOS – Assim seja. Louvor e glória a nosso Deus: / sua bênção esteja sempre conosco, / e seja a riqueza desta família. Amém.

TEXTOS BÍBLICOS

(DOENÇA – CURA)

---

1 – Isaías, cap. 53	(Solidário conosco nos sofrimentos)
2 – Romanos 8,18-39	(Deus está conosco...)
3 – 2Coríntios 1,5-11	(Companheiros nas aflições)
4 – 2Timóteo 2,1-12	(Suportar por amor...)
5 – Hebreus 10,32-39	(Firmes nas adversidades...)
11,32-39	(A fé torna vitorioso...)
12,1-3	(Nosso modelo é Jesus)
6 – João 16,19-22	(Tristeza – Alegria...)
7 – Lucas 5,12-16	(Um Leproso...)
8 – Mateus 8,5-13	(Filho do Centurião...)
9 – Marcos 8,14-15	(Sogra de Pedro)
10 – João 4,46-54	(Filho do chefe da sinagoga)
11 – Lucas 5,18-25	(Um paralítico)
12 – Mateus 9,20-22	(Uma mulher)
13 – Marcos 3,1-5	(Homem de mão seca)

14 – João 5,1-9 (Doente em Betsaida)
15 – Lucas 11,4 (Possesso mudo-cego)
16 – Mateus 9,27-31 (Dois cegos)
17 – Marcos 7,24-30 (Filha da Cananéia)
18 – João 11,1-44 (Lázaro)
19 – Lucas 9,38-43 (Rapaz epilético)
20 – Mateus 20,29-34 (Bartimeu, o cego)
21 – Marcos 7,31-37 (Um surdo-mudo)
22 – João 9,1-41 (Um cego de nascença)
23 – Lucas 14,1-4 (Um hidrópico).

EDITORA VOZES

SEDE

Petrópolis, RJ
(25689-900) R. Frei Luís, 100
Caixa Postal 90023
Tel.: (0242) 43-5112
Fax: (0242) 42-0692

LOJAS

Bauru, SP
(17015-002) Av. Rodrigues Alves, 10-37
Tel.: (0142) 34-2044
Fax: (0142) 34-3301

Belo Horizonte, MG
(30190-060) R. Tupis, 114
Tel.: (031) 273-2538
Fax: (031) 222-4482

Brasília, DF
(70730-516) SCLR/Norte, Q. 704,
Bloco A, Nº 15
Tel.: (061) 223-2436
Fax: (061) 223-2282

Campinas, SP
(13015-002) Rua Br. de Jaguara, 1164
Tel.: (0192) 31-1323
Fax: (0192) 34-9316

Curitiba, PR
(80230-080) R. 24 de Maio, 95
Tel.: (041) 233-1392
Fax: (041) 233-1513

Fortaleza, CE
(60025-100) R. Major Facundo, 730
Tel.: (085) 231-9321
Fax: (085) 221-4238

Goiânia, GO
(74023-010) R. 3, Nº 291
Tel.: (062) 225-3077
Fax: (062) 225-3994

Juiz de Fora, MG
(36010-041) R. Espírito Santo, 963
Tel.: (032) 215-9050
Fax: (032) 215-8061

Londrina, PR
(86010-390) Rua Piauí, 72 Loja 1
Tel.: (043) 325-7167
Fax: (043) 337-3129

Porto Alegre, RS
(90010-273) R. Riachuelo, 1280
Tel.: (051) 226-3911
Fax: (051) 226-3710

Recife, PE
(50050-410) R. do Príncipe, 482
Tel.: (081) 423-4100
Fax: (081) 423-7575

Rio de Janeiro, RJ
(20031-201) R. Senador Dantas, 118-I
Tel.: (021) 220-8546
Fax: (021) 220-6445

Salvador, BA
(40060-410) R. Carlos Gomes, 698-A
Tel.: (071) 322-8666
Fax: (071) 322-8087

São Paulo, SP 1
(01006-000) R. Senador Feijó, 168
Tel.: (011) 606-2288
Fax: (011) 607-7948

São Paulo, SP 2
(01414-000) R. Haddock Lobo, 360
Tel.: (011) 256-0611
Fax: (011) 258-2841

Escritórios Comerciais

Campo Grande, MS
(79002-184) R. Dom Aquino, 1789
Conj. 37, 3º andar
Tel. e Fax: (067) 384-1535

Florianópolis, SC
(88101-000) Av. Pres. Kennedy, 698
sala 415 – Campinas - S. José
Tel. e Fax: (048) 241-1007

Vitória, ES
(29010-250) R. Alberto de Oliveira Santos, 59
Edif. Ricamar – sala 709 – 7º andar
Tel. e Fax: (027) 222-1344

Escritórios

Rio de Janeiro, RJ
(20211-130) R. Benedito Hipólito, 1
Tel.: (021) 224-0864
Fax: (021) 252-7528

São Paulo, SP
(01309-001) R. Luís Coelho, 295
Tel.: (011) 258-6910
Fax: (011) 256-2831

ISR-52-1163/85
UP-APT Petrópolis
DR/RJ

CARTÃO RESPOSTA

NÃO É NECESSÁRIO SELAR

O SELO SERÁ PAGO POR

EDITORA
VOZES

25621-970 PETRÓPOLIS, RJ